AF345884

GRIMOIRE DU
PAPE HONORIUS

L'ÉDITION COMPLÈTE & DÉFINITIVE

Du même auteur chez Unicursal

Recueil de Secrets Magiques
*Tirés de Pierre d'Abano, de Corneille Agrippa et d'autres
Célèbres Philosophes*

✧

Grimoire ou la Cabale par Armadel

✧

Traité de la Cabale Mixte
Qui comprend l'Art Angélique extrait des Docteurs Hébreux

✧

La Magie Sacrée d'Abramelin

✧

Draconia
*Les Enseignements Draconiques de la Véritable Magie des
Dragons*

✧

Draconia Tome 2
Le Code Draconique au Quotidien

✧

La Science des Mages
Traité Initiatique de Haute Magie

✧

Magie Blanche
Formulaire Complet de Haute Sorcellerie

✧

Série Lemegeton
Goetia — *Petite Clé du Roi Salomon* (Livre I)
Ars Theurgia Goetia (Livre II)
Ars Paulina (Livre III)
Ars Almadel Salomonis (Livre IV)
Ars Notoria (Livre V)

Copyright © 2022 Marc-André Ricard
maricard.com

Éditions Unicursal Publishers
unicursal.ca

ISBN 978-2-89806-287-2
HC 978-2-89806-288-9

Première Édition, Imbolc 2022

Tous droits réservés pour tous les pays.

Aucune partie de ce livre ne peut être reproduite ou transmise sous aucune forme ou par quelque moyen électronique ou mécanique que ce soit, par photocopie, par enregistrement ou par quelque forme d'entreposage d'information ou système de recouvrement, sans la permission écrite de l'éditeur ou de l'auteur.

GRIMOIRE DU
PAPE HONORIUS

L'ÉDITION COMPLÈTE & DÉFINITIVE

*Étant une transcription complète et fidèle d'un segment
du Wellcome Ms. 4666 & Arsenal Ms. 2494
et des éditions Rome 1670 & 1760.*

Transcription, Édition, Présentation, Sceaux & Notes
PAR

Marc-André Ricard

UNICURSAL

ABRÉVIATIONS

Les abréviations suivantes peuvent parfois être employées afin d'en alléger le texte.

GPH	Grimoire du Pape Honorius
DN	Dragon Noir
DR	Dragon Rouge
GG	Grand Grimoire
GV	Grimorium Verum

INTRODUCTION

PAR M-A RICARD

LE GRIMOIRE DU PAPE HONORIUS est un fameux recueil de magie du dix-septième siècle. Certains seront étonnés d'apprendre que ce petit grimoire français a posé les pierres d'assise de nombreux autres textes de magie qui suivirent son exemple. En effet, comme nous le verrons plus loin, certains des grimoires les plus emblématiques de l'époque empruntèrent l'identité propre au *Grimoire du Pape Honorius*; des titres connus chez les occultistes et magiciens tels que le *Grand Grimoire* ou *Dragon Rouge*, le *Dragon Noir* et non le moindre, le *Grimorium Verum* (Vrai Grimoire).

Si l'on devait tracer l'arbre généalogique du *Grimoire du Pape Honorius*, pour utiliser cette figure de style, on remarquerait que ce dernier représente les racines et le tronc du grimoire médiéval typique aux évocations d'Esprits. À partir de là s'en suivent les branches où découlent les autres recueils similaires précédemment mentionnés. Lorsque par une étude attentive on se met à comparer tous ces grimoires les uns avec les autres, on se rend compte bien assez tôt qu'effectivement, ils partagent tous des éléments similaires ; une essence, une sève dis-je, qui est commune à chacun d'eux.

Fait non surprenant pour l'occultiste, si ce dernier parvient à entrer en résonance avec le *Grimoire du Pape Honorius*, fortes seront les chances qu'il puisse d'autant plus apprécier les autres recueils traitant de l'évocation, des pactes et du commerce avec les Esprits. Cependant la prudence est de mise, car même si cela n'est pas présenté avec gravité, éludant les dangers bien réels que comportent de telles opérations magiques, ce grimoire est définitivement une œuvre proposant des techniques pour conjurer les Esprits diaboliques. Et ne soyons pas dupes, la marche à suivre du GPH est une affaire sérieuse. Les Êtres évoqués sont très nocifs; ils ne voudront certainement pas accomplir les désirs et volontés du magicien sans avoir un gage en retour... et à quel prix! Grimoire noir ou tome de la pire espèce, peut importe les termes utilisés pour décrire le GPH, la procédure complète comporte néanmoins, pour l'érudit, un charme bien particulier.

Du Pape Honorius

Il serait peu probable que le grimoire soit l'œuvre du pape Honorius III comme le veut la croyance populaire. De son nom de baptême Cencio Savelli, il fut le chef de l'Église catholique entre 1216 et 1227, année de son décès. Non seulement l'Art d'évoquer les démons n'était pas foncièrement une affaire d'église (je parle ici de l'institution et non des prêtres), bien qu'elle les persécutait tous, mais qui plus est, rien ne peut expliquer avec certitude ni crédibilité pourquoi un recueil attribué à Honorius III serait apparu quelque chose comme 450 ans après sa mort. Par ailleurs, à une époque où quiconque suspecté de commerce avec le diable se retrouvait condamné au bûcher, quoi de plus ingénieux que de publier une œuvre de magie noire sous l'étole protectrice de la personne d'église la plus puissante et irréprochable : le pape.

Après avoir considéré cette dernière hypothèse, nous ne pourrions certainement pas passer à côté d'une autre piste fort intéressante, laquelle nous fait poser un regard très attentif sur un autre pape, remontant encore plus loin dans le temps, jusqu'à Honorius II. De son nom de baptême Lamberto Scannabecchi, le pape Honorius II fut le chef de l'Église catholique depuis 1124 jusqu'à sa mort en 1130.

À son propos, nous retrouvons des passages très révélateurs dans l'œuvre d'Éliphas Lévi, *La Clef des Grands Mystères*[1], que je reproduis ici :

> *…C'était le grimoire du pape Honorius.*
>
> *Un mot sur ce petit livre tant décrié.*
>
> *Le grimoire d'Honorius se compose d'une constitution apocryphe d'Honorius II pour l'évocation et le gouvernement des esprits ; plus, de quelques recettes superstitieuses… C'était le manuel des mauvais prêtres*

---

1   Eliphas Lévi, La Clef des Grands Mystères, Ch. III. — Mystères des hallucinations et de l'évocation des esprits. Unicursal 2020.

qui exerçaient la magie noire pendant les plus tristes périodes du moyen âge. On y trouve des rites sanglants mêlés à des profanations de la messe et des espèces consacrées, des formules d'envoûtement et de maléfices, puis des pratiques que la stupidité seule peut admettre et la fourberie conseiller. Enfin, c'est un livre complet dans son genre ; aussi est-il devenu fort rare en librairie, et les amateurs le poussent-ils très haut dans les ventes publiques.

...L'ouvrage en lui-même ne vaut rien, dit Éliphas. C'est une constitution prétendue d'Honorius II, que vous trouverez peut-être citée par quelque érudit collecteur de constitutions apocryphes...

...Il attendait alors la vision formidable, mais il n'a rien vu, aucun monstre ne s'est présenté, en un mot le diable n'a pas voulu paraître. C'est pour cela qu'il cherche le grimoire d'Honorius, car il espère y trouver des conjurations plus fortes et des rites plus efficaces.

...Ainsi, plus de doute, le malheureux prêtre avait trouvé le fatal grimoire, il avait fait l'évocation et s'était préparé au meurtre par une série de sacrilèges, car voici en quoi consiste l'évocation infernale suivant le grimoire d'Honorius.

« Choisir un coq noir et lui donner le nom de l'esprit des ténèbres qu'on veut évoquer.

« Tuer le coq, en réserver la langue, le cœur et la première plume de l'aile gauche.

« *Faire sécher la langue et le cœur et les réduire en poudre.*

« *Ne pas manger de viande et ne pas boire du vin ce jour-là.*

« *Le mardi, à l'aube du jour, dire une messe des anges.*

« *Tracer sur l'autel même et avec la plume du coq trempée dans le vin consacré des signatures diaboliques.*

« *Le mercredi, préparer un cierge de cire jaune ; se lever à minuit, et, seul dans une église commencer l'office des morts.*

« *Mêler à cet office des évocations infernales.*

« *Achever l'office à la lueur d'un seul cierge qu'on éteindra ensuite, et demeurer sans lumière dans l'église ainsi profanée jusqu'au lever du soleil.*

« *Le jeudi, mêler à l'eau bénite la poudre de la langue et du cœur du coq noir, et faire avaler le tout à un agneau mâle de neuf jours… »*

Voilà donc l'indice qui nous manquait quant à l'origine *possible* du Grimoire : *une constitution apocryphe d'Honorius II pour l'évocation et le gouvernement des esprits.* Restera encore pour le chercheur sérieux à élucider et comprendre pourquoi il existe un vide béant de 550 ans entre le temps du vivant d'Honorius II et la première publication datée de 1670. À cette question, je ne puis malheureusement donner aucune réponse.

Et après tout, n'est-ce pas tout de même ce qui fait la beauté de la chose ? Certes. Les grimoires conserveront toujours cette aura de mystère qui les rend si attrayants.

Du Grimoire

Le grimoire contient une ou deux parties disctinctes selon le type de recueil. Dans sa version manuscrite (Ms. 4666 et Ms. 2494), on y retrouve les préparations préliminaires menant à l'accomplissement de l'œuvre. Il y est traité de la composition des cercles magiques et de l'évocation des Esprits démoniaques sous apparence physique au moyen de nombreuses conjurations, lesquelles sont adressées aux Rois régnant sur les quatre directions du compas de même qu'à chacun des Esprits de la semaine.

Dans sa version reliée (Rome 1670 et 1760) on retrouve le même traité de magie évocatoire et les conjurations des Esprits. Le texte principal est complété, cette fois, d'un recueil comprenant une cinquantaine de secrets magiques, charmes et oraisons. On y découvre notamment le moyen de se rendre invisible à l'aide d'une tête de mort, comment entrevoir le futur ou encore la manière de faire venir des Esprits pour s'enquérir à propos de choses inconnues. Parmi les nombreux charmes pour se protéger contre les armes, arrêter le feu ou le sang, le grimoire dévoile une méthode pour se venger et faire souffrir autrui, ainsi que plusieurs recettes de campagne pour guérir différents maux et maladies et, finalement, diverses oraisons et moyens de conjurer le sel afin de protéger les troupeaux d'animaux.

La particularité des secrets magiques contenus dans le *Grimoire du Pape Honorius* provient du fait que ceux-ci se retrouvent également dans d'autres ouvrages, notamment le *Grand Grimoire/ Dragon Rouge* (mi 18e), le *Dragon Noir* (début 19e) et le *Grimorium Verum* (début 19e). Et voilà où tout devient encore plus intéressant. Si l'on trace la ligne du temps des grimoires que je viens de mentionner, celui d'Honorius serait le plus ancien, du moins, si l'on prend en considération que le *Grand Grimoire*, malgré qu'il indique en page frontispice la date de 1521, serait plutôt une œuvre datant du milieu du 18e siècle.

Ainsi, le GPH étant en quelque sorte le père des autres grimoires, auquel de nombreux éléments ont été empruntés, on comprendra mieux maintenant pourquoi nous éprouvons souvent cette sensation de déjà-vu à la lecture des autres textes médiévaux.

À savoir si cela est vraiment important de déterminer qui est venu en premier, non pas du tout. Cela n'aura aucune incidence pour le praticien qui ne se soucie guère de la provenance du matériel qu'il utilise. Je jugeais cependant mon propos pertinent pour l'érudit qui désire soulever un coin du voile obstruant l'authenticité de ces vieux tomes.

De la transcription

Afin de préparer les documents nécessaires pour l'écriture de ce livre, j'ai eu à effectuer de nombreuses recherches dans les collections privées et archives des grandes institutions de ce monde, complétant parallèlement diverses études comparatives de plusieurs grimoires médiévaux, dont certains d'entre eux se trouvaient déjà, fort heureusement, en ma possession dans ma collection personnelle. Au terme de cette démarche préliminaire, j'en suis arrivé à dénombrer au moins quatre versions majeures du *Grimoire du Pape Honorius*, chacune ayant une particularité digne de mention. C'est donc à partir de ces quatre principaux textes et manuscrits que furent posées les bases pour mon travail de transcription.

Dans le spectre du temps, les textes utilisés à la complétion de ce livre varient entre le dix-septième et le dix-neuvième siècle ; elles sont datées plus précisément de 1670, 1760, *circa* 1850 et 1883.

Nous allons maintenant prendre connaissance de chacun de ces recueils et voir quelles sont leurs principales caractéristiques.

▸ ROME 1670 — GREMOIRE DV PAPE HONORIVS AVEC VN RECVEIL DES PLVS RARES SECRETS ◂

Ce premier texte est possiblement le plus nébuleux en raison de son origine incertaine. Il y a peu d'information sur ce grimoire, sinon qu'il est daté à Rome MDCLXX (1670). Ce petit livre écrit en français ne comporte aucune autre indication quant au réel lieu de son impression ni sur son éditeur, sinon que cette copie fut imprimée possiblement à la fin du 18e siècle. Étant donc une édition plus moderne de l'original, la source utilisée demeure encore inconnue.

Nous retrouvons en première partie tout l'essentiel pour mener à bien les évocations d'Esprits infernaux. La seconde partie complète l'ouvrage avec de nombreux secrets magiques. On y dénombre treize planches insérées ici et là à travers le texte.

Pour la transcription de cette version (pour laquelle je me référerai tout au long du livre par Rome 1670), j'ai utilisé deux copies, pratiquement identiques, conservées respectivement à la Bibliothèque nationale autrichienne (*Österreichische Nationalbibliothek*) et à la Bibliothèque d'État de Bavière (*Bibliotheca Regia Monacensis*). La première copie date du 18e tandis que la seconde du 19e siècle. Conséquemment, j'ai privilégié l'usage de la première copie, la seconde étant plutôt utilisée en guise de complément ou à des fins de comparaison lorsque cela était nécessaire.

La particularité de la copie autrichienne est que le texte est écrit en vieux français. Par exemple, le premier sous-titre rencontré dans le texte nous démontre immédiatement l'emploi des « s » allongés : *Conſtitution du Pape Honorius le grand, où ſe trouvent les Conjurations ſecrettes qu'il faut faire contre les Eſprits des ténebres.*

▸ ROME 1760 — GRIMOIRE DU PAPE HONORIUS AVEC UN RECUEIL DES PLUS RARES SECRETS ◂

Conservée au British Museum, cette seconde version reliée du GPH est parfois désignée *version Blocquel*, en raison qu'elle fut éditée et imprimée par Simon F. Blocquel de Lille (1780-1863), à qui l'on doit l'impression de nombreux ouvrages similaires. Fait intéressant, une note apposée au début du livre mentionne que ce dernier a été l'objet d'un vol commis en juillet 1972, puis fut subséquemment restitué par la police.

En comparaison avec l'édition de 1670, la marche à suivre pour conjurer les démons est identique. Cependant, ici certains des noms d'Esprits diffèrent, malgré qu'ils conservent les mêmes attributs. Il s'agit d'une substitution qui ne peut malheureusement être clairement retracée ou expliquée. Le lecteur pourra se référer au tableau en fin d'introduction où j'y relève les variations propres aux Esprits de la semaine.

Le deuxième élément distinctif de cette version, c'est qu'elle comporte plusieurs planches, 11 au total, placées en début d'ouvrage, comprenant les cercles et les caractères magiques (manquant à l'édition 1670) que l'opérateur aura à tracer pour conjurer chacun des Esprits du livre.

Finalement, la troisième variation concerne le nombre de secrets magiques en deuxième partie de l'ouvrage. On y retrouve les mêmes secrets, présentés dans le même ordre, sauf quelques-uns manquants, propres à l'édition 1670. Au bénéfice du lecteur, ces derniers ont été ajoutés dans le troisième appendice du présent livre.

▸ Wellcome Ms. 4666 — Grimoire du Pape Honorius le grand ◂

Le Ms. 4666 est un manuscrit français provenant de la Wellcome Library de l'Université de Londres, au Royaume-Uni. Daté du milieu du 19e siècle, il porte comme document la dénomination de *pseudo-solomon* en raison des Clavicules qui en forment l'œuvre principale. Le manuscrit est rédigé en lettres détachées et à l'encre noire. Il utilise parfois le rouge, notamment dans le cas des sceaux et caractères d'Esprits. Ce recueil contient d'autres textes secondaires, parmi lesquels nous retrouvons, évidemment, le GPH, de même qu'une belle copie du *Grand Grimoire*. Cette version ne contient aucun secret magique.

▸ Arsenal Ms. 2494 — Le Véritable Grimoire du Pape Honorius ◂

Manuscrit français, le Ms. 2494 est conservé à la Bibliothèque de l'Arsenal, à Paris. Il est daté de juin 1883 et contient différents textes, dont une copie de la *Cabale par Armadel* (laquelle je me suis servi d'ailleurs pour mon livre du même nom) ainsi que d'autres ouvrages d'apparence incomplets. Écrit en lettres attachées à l'encre noire, le recueil présente une calligraphie acceptable. Les caractères et les cercles magiques sont tracés avec un certain soin comparativement au reste du texte qui semble avoir été écrit à la hâte. Cette version, comme la précédente, ne contient aucun secret magique.

Des Esprits de la Semaine & de leurs Caractères

Comme cela fut précédemment souligné, il existe certaines irrégularités entre les grimoires à propos des Esprits de la semaine. En comparant ces démons, on remarque que certains d'entre eux demeurent les mêmes tandis que d'autres ont été substitués. Par ailleurs, ceux-ci diffèrent seulement par leurs noms, car ils conservent néanmoins les mêmes descriptions physiques, attributs et signatures spirites. On comprendra que l'Opérateur qui veut tenter l'expérience évocatoire aura donc affaire à la même Entité, eu égard au grimoire utilisé.

Selon le texte auquel on se réfère, certains démons n'ont aucune signature spirite ; ce qui est le cas notamment du Ms. 4666, Ms. 2494 et Rome 1670. Et voilà où une autre discordance nous apparaît rapidement. Effectivement, dans les grimoires où les Esprits affichent une signature qui leur est propre, tel que dans le Rome 1760,

Dragon Noir et *Grimorium Verum*, ces caractères se retrouvent parfois à l'endroit, parfois inversés.

Il serait probablement facile d'attribuer la faute de ces variations à l'imprimeur, s'il en est une, qui aurait pu simplement tracer le symbole à l'endroit avant de retourner la planche au moment de l'impression, ce qui effectivement nous donnerait comme résultat un caractère inversé, comme un effet miroir.

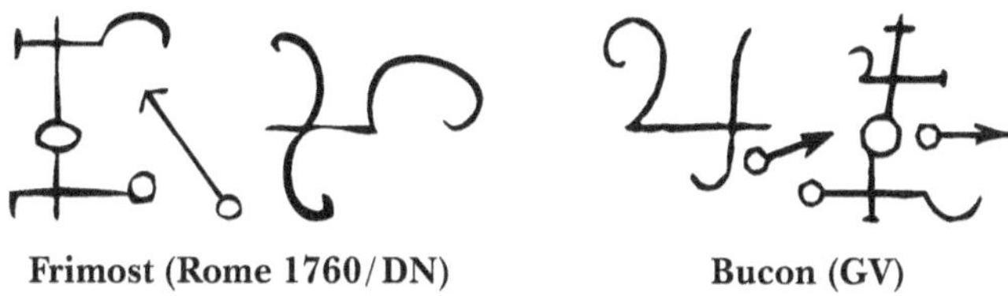

Frimost (Rome 1760/DN)   **Bucon (GV)**

À la lumière de ce qui vient d'être dit, j'avancerais ici que les symboles du Rome 1760 et du *Dragon Noir* sont donc inversés. La raison pourquoi je crois fermement en cela, c'est l'indice que nous apporte la signature de *Frimost*. Le Caractère de *Frimost* comporte un large symbole de la planète Jupiter ; ce qui apparaîtrait aux yeux non attentifs comme le chiffre 4. Si on compare alors le caractère de *Frimost* avec celui de l'Esprit nommé *Bucon* du *Grimorium Verum*, on remarque qu'il s'agit exactement du même symbole, sauf que ce dernier est tracé à l'endroit.

De la même façon, *Surgat/Aquiel/Acquiot* partage lui aussi le même caractère avec *Minosons,* un autre Esprit provenant du *Grimorium Verum.*

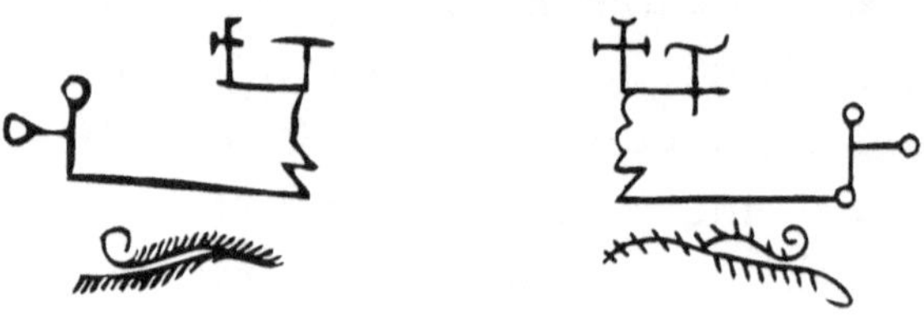

Surgat/Aquiel/Acquiot (Rome 1760 / DN)   **Minosons (GV)**

Serait-il plausible d'avancer naïvement que *Frimost/Nambroth* pourrait plutôt être l'Esprit correspondant au Jeudi/Jupiter ? À cela je l'ignore, mais tout est possible. Je ne puis qu'encourager l'Opérateur téméraire à tenter l'expérience et constater ensuite si le résultat obtenu est analogue à mon hypothèse.

Le pourquoi je juge bon de souligner cette particularité provient du fait que la Haute Magie nous enseigne que, dans l'Univers, tout est d'un ordre vibratoire. Ainsi, un sceau, un symbole ou un caractère vibre ou entre en sympathie avec ce qu'il désigne sur le plan astral ; c'est un lien invisible entre la représentation physique et l'Entité correspondante. À cela, j'appuierais mes propos sur l'un des symboles le plus universel : la croix. Tracez une croix conventionnelle et vous vous reliez à l'essence catholique, à la lumière bienfaisante du Seigneur. Tournez la même croix à l'envers, sans en altérer le symbole, et ce dernier change et relie alors l'Opérateur à ce qui est négatif et contraire au Christ. Certains diront que toute cette intervention est superflue. C'est pourquoi je vais fermer cette parenthèse en laissant la réflexion au lecteur.

✠ ✠ ✠

Alors voilà, la table est mise pour l'un des recueils de magie des plus mythiques et mystérieux que le moyen-âge nous a légué. Le cercle magique a été tracé, les conjurations ont été dites. L'Opérateur se dresse l'échine en attendant patiemment dans un moment de doute la suite des événements, tendant l'oreille aux moindres bruits, regardant d'un œil attentif les mouvements furtifs dans l'espace environnant de son sanctuaire. Armé de la puissance divine, le *Grimoire du Pape Honorius* a une fois de plus évoqué un Esprit infernal. L'appel a été entendu...

M-A Ricard ~555

Imbolc[+9], 2022.

Esprits associés aux Conjurations de la Semaine

	LUNDI	MARDI	MERCREDI	JEUDI	VENDREDI	SAMEDI	DIMANCHE
Ms. 2494	Lucifer	Nambroth	Astaroth	Acham	Béchet	Nabam	Acquiot
Ms. 4666	Lucifer	Nambroth	Astaroth	Acham	Béchet	Nabam	Aquiel
Rome 1670	Lucifer	Nambroth	Astaroth	Acham	Béchet	Nabam	Aquiel
Rome 1760	Lucifer	Frimost	Astaroth	Silcharde	Béchard	Guland	Surgat
Dragon Noir	Lucifer	Frimost	Astaroth	Silcharde	Béchard	Guland	Surgat
Grimorium Verum	Lucifer	Frimost	Astaroth	Silcharde	Béchaud	Guland	Surgat

Wellcome Ms. 4666

QUILSYPRENNENTGARDE
OBEISSEZ A VOS SUPERIEURS ET LEUR SOYEZ SOUMIS PARCE
L'Opérant dans son Cercle.
PRÊT A PARAÎTRE.

LE VÉRITABLE GRIMOIRE DU PAPE
HONORIUS

CONJURATION DU LIVRE
QU'IL FAUT DIRE AVANT DE S'EN SERVIR.

Je te conjure, LIVRE, d'être utile et profitable à tous ceux qui te liront pour la réussite de leurs affaires. Je te conjure derechef, par la vertu du Sang de Jésus-Christ contenu tous les jours dans le Calice, d'être utile à tous ceux qui te liront. Je t'exorcise, au Nom de la Très-Sainte Trinité, au Nom de la Très-Sainte Trinité, au Nom de la Très-Sainte Trinité.

Dans les Opérations que l'on veut faire, il faut avoir égard à l'Intelligence du Royaume; celui qui régit et gouverne la France se nomme ACHEL.[1]

Je te conjure, ACHEL (de même l'Intelligence du mois) ainsi que l'Esprit du Jour........ Je te conjure, N., par le Grand Dieu Vivant, qui est ton maître et le mien, et par les grands Noms de Dieu JEOVA &c. Et par les Puissances Célestes, et Terrestres, et Aquatiques, et par le Pouvoir que Dieu t'a donné, que tu me sois propice dans l'Œuvre que j'entreprends, qui est d'invoquer N. Je te conjure de les obliger à me venir parler et m'obéir, ceux qui sont sous ton pouvoir, afin que j'obtienne par ta faveur et le pouvoir des Intelligences que j'invoque, une entière satisfaction, le tout pour la Gloire de Dieu, notre Créateur.

Le temps propre pour les Conjurations suivant le flagellant se sont les Conjurations

---

1   On remplacera ce nom en fonction du pays où l'on se trouve. Cet Esprit est nommé *Échiel* dans le Wellcome Ms. 4657.

Dæmonum. Les jours convenables sont la veille de chacune des Quatre grandes Fêtes de l'année, ainsi que des Fêtes de la Sainte Vierge ; les jours des Quatre Temps sont aussi très propres.

En quel temps et à quelles heures les Diables apparaissent ; voyez à l'*Apparition des Esprits :* livre 4, Chapitre 14, page 357.[2] Et en J. Bellot[3] au 4[ieme] commandement de Dieu donné à Moïse, page 47.

On peut aussi remarquer, que pour ce qui est du Pentacle qui se doit faire sur du Parchemin vierge, ainsi que la carte où cédule ; on peut acheter du Parchemin vierge et le bénir, et exorciser suivant l'Art, que ce soit de Vélin, de Chevreau, ou d'Agneau &c.

Oraison et Préparation pour l'Œuvre.

Atrachios, Asach, Asarca, Abeda, Mabas, Silat, Anabolas, Jesibilin, Seigim, Jeucon, Dontot.[4]

---

2   *Psichologie ou Traité de l'Apparition des Esprits*, par Frère Noël Taillepied (1540—1589) de l'ordre des Capucins. Il s'agit en fait du Chapitre XV, page 162 de l'édition de 1588.

3   Je n'ai été en mesure de trouver de référence à cet auteur, visiblement un prêtre.

4   GV : *Astrachios, Asach, Asarca, Abedumabal, Silat, Anabotas, Jesubilin, Scingin, Géneon, Domol, Seigneur Dieu…*

On peut faire ensuite quelqu'autres prières à volonté.

Observez qu'il serait bon que vous fassiez le Caractère de Sçirlin[5] avec de votre sang.

Noms, Qualités et Lieux qu'habitent les Intelligences Infernales et qui sont supérieures sur toutes les autres.

LUCIFER — Empereur, ses sujets habitent l'Europe.

BELZEBUTH — Prince, ses sujets habitent l'Asie.

ASTAROTH — Comte, ses sujets habitent l'Amérique.

NAMBROTH — Baron, ses sujets habitent la Libye[6] et le Mont Hetna.[7]

---

5   D'après le *Grimorium Verum*, Scirlin (ou Scrylin) est un Esprit messager qui agit comme intermédiaire lors de communications avec Lucifer, Astaroth et Belzébuth. Son Caractère ne figure dans aucun grimoire.

Invocation à Scirlin (GV) : Helon ✠ Taul ✠ Van ✠ Pan ✠ Heon ✠ Homonoreum ✠ Clemialh ✠ Serugeath ✠ Agla ✠ Tetragrammaton ✠ Casoly ✠

6   Qui réfère au continent africain.

7   Le Mont Etna, situé en Italie, en référence à la zone entre la plaque africaine et la plaque eurasienne.

Conjuration Universelle.

Moi N., je te conjure Esprit N., au nom du Grand Dieu Vivant, qui a fait le Ciel et la Terre et tout ce qui est contenu en iceux; et en vertu du Saint Nom de J.-C. son très cher Fils, qui a souffert Mort et Passion pour nous à l'Arbre de la Croix, et par le précieux amour du Saint-Esprit, Trinité parfaite, que tu aies à m'apparaître sous une humaine et belle forme, sans faire peur ni bruit, et sans faire de frayeur quelconque. Je t'en conjure au Nom du grand Dieu Vivant Adonay, Tetragrammaton, Jehova, Tetragrammaton Adonay, Jehova, Otheos, Athanatos, Adonay, Jehova, Otheos, Athanatos, Ischiros, Agla, Pentagrammaton, Jehova, Ischiros, Athanatos, Adonay[8], Jehova, Otheos, Saday, Saday, Saday, Jehova, Otheos, Athanatos, Tetragrammaton, à Luciat, Adonay, Ischiros, Athanatos, Saday, Saday, Saday, Adonay, Saday, Tetragrammaton, Saday, Jehova, Adonay, Ely, Eloy, Agla, Eloy, Agla, Ely, Agla, Agla, Agla, Adonay, Adonay, Adonay, viens N., viens N., viens N. Je te conjure derechef de m'apparaître comme dessus dit, en vertu des puissants et sacrés Noms de Dieu, que je viens de réciter présentement pour accomplir mes désirs et volontés, sans fourbe ni mensonges. Sinon, Saint-Michel Archange invisible te foudroiera dans le plus profond des Enfers. Viens donc, N., pour faire ma volonté.

---

8   *Adonar* dans le Ms.

Ce qu'il faut dire avant que de faire signer le LIVRE.

Je vous conjure et ordonne, Esprits, tous et autant que vous êtes de recevoir ce Livre en bonne part, afin que toutes fois que nous lirons ledit Livre, où qu'on le lira, étant approuvé et reconnu être en forme et en valeur, vous ayez à paraître en belle forme humaine, lorsqu'on vous appellera, selon que le lecteur le jugera. Dans toutes circonstances, vous n'aurez aucune atteinte sur le corps, l'âme et l'esprit du lecteur, ni ferez aucune peine à ceux qui l'accompagneront, soit par murmures, par tempêtes, bruits, tonnerres, scandales, ni par lésions, privations d'exécution des commandements du Livre. Je vous conjure de venir aussitôt la Conjuration faite, afin d'exécuter sans retardement tout ce qui est écrit et mentionné dans son lieu dans ledit Livre. Vous obéirez, vous servirez, enseignerez, donnerez, ferez tout ce qui est en votre puissance, en utilité de ceux qui vous ordonneront, le tout sans illusions. Si par hasard, quelqu'un des Esprits appelés ne pouvait venir ou paraître lorsqu'il est appelé, il sera tenu d'en envoyer d'autres, revêtus de son pouvoir, qui jureront solennellement exécuter tout ce que le lecteur pourra demander ; en vous conjurant tous par les Très-Saints Noms du Tout-Puissant Dieu Vivant Eloym, Jah, El, Eloy, Tetragrammaton, de faire tout ce qui est dit ci-dessus. Si vous n'obéissez, je vous contraindrai d'aller mille ans dans les peines, ou si quelqu'un de vous ne reçoit ce Livre avec une entière résignation à la volonté du lecteur.

Conjuration des Démons.

✠ *Au nom du Père, et du Fils, et du Saint-Esprit. Alerte. Venez tous, Esprits, par la vertu et le pouvoir de votre Roi, et par les sept couronnes et chaînes de vos Rois, tous Esprits des Enfers sont obligés d'apparaître à moi devant ce Cercle quand je les appellerai. Venez tous à mes ordres, pour faire tout ce qui est votre pouvoir, étant commandés. Venez donc de l'Orient, Midi, Occident et du Septentrion. Je vous conjure et ordonne par la vertu et puissance de Celui qui est Trois, Éternel, Égal, qui est Dieu invisible, consubstantiel ; en un mot, qui a créé le Ciel, la Mer, et tout ce qui est sous les Cieux.*

Après ces Conjurations, vous ordonnerez d'apposer le Cachet.[9]

---

9   Cette pratique est commune aux évocations magiques des siècles passés, lorsque le livre qui contient la signature des Esprits se doit d'être juré et approuvé par les Intelligences afin qu'ensuite, à la seule ouverture du livre, il soit suffisant pour les faire apparaître.

On retrouve notamment ce passage dans le grimoire du *Dragon Rouge* : *Je te demande que tu me viennes parler deux fois tous les jours de la semaine, pendant la nuit, à moi ou à ceux qui auront mon présent livre, que tu approuveras et signeras…*

La Figure du Cercle représentée ci-à côté et de ce qui le concerne.

Les Cercles se doivent faire avec du charbon et de l'eau bénite aspergée ou avec du bois de la croix bénite. Quand ils seront faits de la sorte, et les paroles écrites autour du Cercle, l'eau bénite qui aura servi pour bénir le Cercle doit encore servir pour empêcher les Esprits de ne faire aucune peine. Et lorsque vous serez entré dans votre Cercle, vous leur commanderez avec autorité et vivacité comme étant leur Maître.

Ce qu'il faut dire en composant les Cercles.

Seigneur, on a recours à votre vertu. Seigneur, confirmez cet ouvrage ; ce qui est opéré en nous devienne comme la poussière à la rencontre du vent, et l'Ange du Seigneur arrêtant, que les ténèbres disparaissent ; et l'Ange du Seigneur poursuivant toujours, Alpha, Omega, Ely, Elohe, Elohym, Zebahot, Elion, Saday. Voilà le Lion qui est vainqueur de la Tribu de Juda, racine de David. J'ouvrirai le Livre et les Sept Signes. J'ai vu Sathan comme une lumière tombant du ciel. C'est vous qui nous a donné la puissance de réduire sous vos pieds les Dragons, les Scorpions et vos ennemis. Rien ne me nuira, pas même Eloy, Elohym, Elohe, Zebahot, Elion, Esarchie, Adonay, Jah, Tetragrammaton, Saday. La terre et tous ceux qui l'habitent sont à Dieu, parce qu'il l'a fondée sur les mers et il l'a préparée sur les fleuves. Qui est celui qui montera sur la montagne du Seigneur ? Ou qui est celui qui n'a reçu dans son saint Lieu ? L'innocent d'une main et d'un cœur pur ; qui n'a pas reçu son âme inutilement, et n'a pas juré fourberie à son prochain ? Celui-là sera béni de Dieu et recevra la miséricorde de Dieu pour son salut. C'est de la génération de ceux qui le cherchent. Princes, ouvrez vos portes ; ouvrez les portes éternelles et le Roi de gloire entrera. Qui est ce Roi de gloire ? Le Seigneur tout-puissant, Seigneur vainqueur dans les combats. Princes, ouvrez vos portes ; élevez les portes éternelles. Qui est ce Roi de gloire ? Le Seigneur tout-puissant ; ce Seigneur est le Roi de gloire. Gloria Patri, &c. [10]

---

[10]   Toute cette dernière partie provient du Psaume 24.

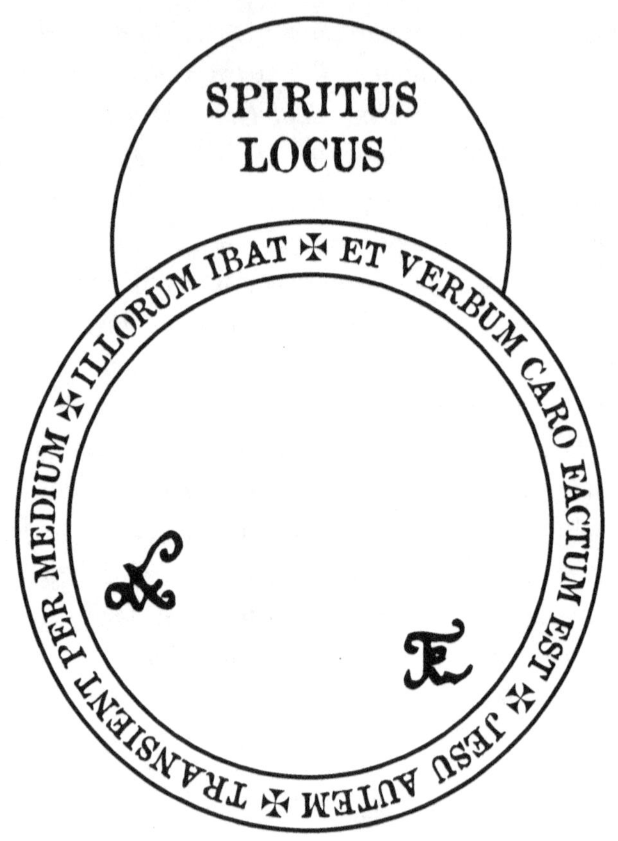

Le Cercle que voici représenté ci-après, servira pour les Quatre Conjurations suivantes, lesquelles Conjurations se peuvent dire tous les jours et à toutes heures. Et si on ne désire parler qu'à un Esprit, on n'en nommera qu'un et cela est à la volonté de l'Opérant.

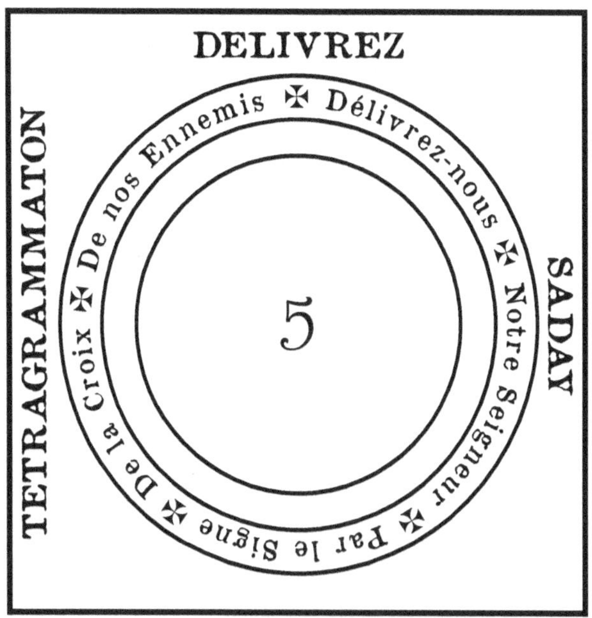

Il y a quelques observations à faire sur les Quatre Rois[11] et leur Conjuration, car il est donné dans le *Grimoire du Pape Honorius:* pour Roi de l'Orient, le puissant Magoa, et suivant la feuille ou la *feuille noire,* c'est Payemon. Et suivant J.B. et Agrippa, les Quatre Principaux Esprits

---

11   Dans la *Goetia,* ces quatre Grands Rois sont respectivement nommés: *Oriens* ou *Uriens; Paymon* ou *Paymonia; Ariton, Egyn* ou *Egym;* et *Amaymon* ou *Amaimon.* Ils sont fréquemment désignés par les Rabbins sous les noms de *Samael, Azazel, Azäel* et *Mahazael.*

qui régissent ou habitent les Quatre Parties Élémentaires sont : pour l'Orient, l'Esprit qui se nomme ORIENS ; celui de l'Occident se nomme PAYEMON ; celui du Midi se nomme ŒGIM ; et celui de la Partie Septentrionale se nomme AMAYMON. S'ensuit ci-après les Quatre Conjurations pour les Quatre Rois des Quatre Parties du monde.

Il y a ensuite les Conjurations pour divers Esprits suivant les jours de la semaine, savoir : le Lundi à LUCIFER, le Mardi à NAMBROTH, le Mercredi à ASTAROTH, de Jeudi à ACHAM, le Vendredi à BECHET, le Samedi à NABAM, et le Dimanche à AQUIEL.

CONJURATION AU ROI D'ORIENT.

Je te conjure et invoque, ô puissant N. [12], Roi de l'Orient, dans mon Saint Travail, de tous les noms de la Divinité. Au nom du Tout-Puissant, je te fais commandement d'obéir à ce que tu aies à venir ou m'envoyer N., sans retardement, présentement MASSAÏEL, ASIEL, SATIEL, ARDUEL, ACORIB, *et sans aucun délai pour répondre à ce que je veux savoir et faire ce que je commanderai ; ou bien tu viendras toi-même pour satisfaire*

---

12 *Magoa.*

à ma volonté. Et si tu ne le fais, je t'y contraindrai par toute la vertu et puissance de Dieu.

CONJURATION AU ROI D'OCCIDENT.

O Roi BAYEMON*!* [13] *Très-fort, qui règne aux Parties Occidentales, je t'appelle et invoque au nom de la Divinité. Je te commande, en vertu du Très-Haut, de m'envoyer présentement devant ce Cercle le N.,* PASSIEL, ROSUS, *avec tous les autres Esprits qui te sont sujets, pour répondre à tout ce que je leur demanderai. Et si tu ne le fais, je te tourmenterai du Glaive du Feu Divin; j'augmenterai tes peines et te brûlerai.*

CONJURATION AU ROI DU MIDI.

ŒGIM*! Grand Roi du Midi, je te conjure et invoque par les Très-Hauts et Saints Noms de Dieu, d'agir revêtu de ton pouvoir, de venir devant ce Cercle, ou envoie-moi présentement* FADAL, NASTRACHÉ, *pour répondre et exécuter toutes mes volontés. Si tu ne le fais, je t'y contraindrai par Dieu même.*

---

13   Devrait être *Paymon*.

CONJURATION AU ROI DU SEPTENTRION.

O toi AMAYMON, *Roi et Empereur des Parties Septentrionales, je t'appelle, invoque, exorcise et conjure, par la vertu et puissance du Créateur, et par la vertu de toutes les vertus, de m'envoyer présentement et sans délai,* MADAEL, LAAVAL, BAMULAHE, BELEM, RAMATH, *avec tous les autres Esprits qui te sont soumis, en belle et humaine forme. En quelque lieu que tu sois, viens rendre l'honneur que tu dois au Dieu Véritable et ton Créateur. Au nom du Père, et du Fils, et du Saint-Esprit, viens donc, et sois obéissant devant ce Cercle, sans aucun péril de mon corps ni de mon âme. Viens en belle forme humaine et non point terrible, et je t'adjure que tu aies à venir tout maintenant et présentement, par tous les divins noms,* SECHIEL, BARACHIEL, *si tu ne viens promptement, Balandier, suspensus, iracundis, Origatiumgu, Partus, Olemdemis & Bantaris, N., je t'exorcise, invoque et fais commandement très-haut, par la toute-puissance du Dieu Vivant, du Dieu Vrai, par la vertu du Dieu Saint, et par la vertu de Celui qui a dit, et tout a été fait; et par son saint commandement toutes choses ont été faites, le Ciel, la Terre, et ce qui est en eux. Je t'adjure par le Père, par le Fils, et par le Saint-Esprit, et par la Sainte Trinité, et par le Dieu auquel tu ne peux résister, sous l'empire duquel je te ferai ployer. Je te conjure par le Dieu Père, par le Dieu Fils, par le Dieu Saint-Esprit, et par la Mère de Jésus-Christ, Sainte Mère et Vierge Perpétuelle, et par ses saintes entrailles, et par son très-sacré lait que le Fils du Père a sucé, et par son très-sacré corps et âme, et par toutes les pièces et membres de cette Vierge ; et par toutes les douleurs, et par toutes les afflictions, labeurs et ressentiments qu'elle a soufferts pendant le cours de sa vie ; par tous les sanglots et saintes larmes qu'elle a versées pendant que son cher Fils pleura devant le temps de sa douloureuse Passion en l'Arbre de la Croix ; par toutes les saintes choses sacrées qui sont offertes et faites et autres, tant au Ciel qu'en la Terre, en l'honneur de N.-S. J.-C. et de la bienheureuse Vierge Marie, sa Mère ; et par tout ce qui est Céleste, par l'Église militante en l'honneur de la Vierge et de tous les Saints, et par la Sainte Trinité et par tous les autres Mystères, et par le Signe de la Croix, et par le Très-Précieux Sang et l'Eau qui coulèrent du côté de J.-C., et par son Annonciation, et par la sueur qui sortit de tout son corps lorsqu'au jardin des Olives il dit : Mon Père, si faire se peut, que ces choses passent autre de moi, que je ne boive point le Calice de la Mort ; et par sa Mort et Passion, et par sa Sépulture, et par sa glorieuse Résurrection, par son Ascension, par venue du Saint-Esprit. Je t'adjure derechef, par la couronne d'épines qu'il porta sur sa tête, par le sang qui coula de ses plaies des pieds et des mains, par les Clous avec lesquels il fut attaché à l'Arbre de la Croix, et par les*

Cinq Plaies, par les saintes larmes qu'il a versées, et par tout ce qu'il a souffert volontairement pour nous avec une très grande charité; par les poumons, par le cœur, par le foie, par les entrailles, et par tous les membres de N.-S. J.-C.; par le Jugement des Vivants et des Morts, par les paroles évangéliques de N.-S. J.-C., par les prédications, par ces paroles, par tous ses miracles; par l'enfant enveloppé de linge, par l'enfant qui crie, que la mère a porté dans son très pur et virginal ventre, par les glorieuses intercessions de la Vierge, Mère de N.-S. J.-C.; par tout ce qui est de Dieu et de sa Très-Sainte Mère, tant au Ciel qu'en la Terre; par les Saints Anges et Archanges, et par tous les Bienheureux, par les Saints Patriarches et Prophètes, et par tous les Bienheureux et Saints Martyrs et Confesseurs, et par toutes les Saintes Vierges et veuves innocentes, et par tous les Saints et Saintes et celui de Dieu, je te conjure, par le chef de Saint Jean-Baptiste, par le lait de Sainte Catherine, et par tous les Bienheureux.

CONJURATION DES ROIS DU MIDI.

Je te conjure N., Esprit rebelle de l'Air du Midi, par l'autorité et vertu des Saints Noms de Dieu ci-après, que tu aies à paraître en belle forme devant ce Cercle, pour obéir à moi N., qui suis la créature du

Très-Haut et Suprême Divinité Jésus de Nazareth ✠ *et je t'en conjure, par sa Nativité, par sa Mort et Passion et Résurrection, par la Vierge Marie toujours vierge, par l'autorité de ses Apôtres et prédications, par leurs martyrs et gloires célestes; et je t'en conjure, pour la troisième et dernière fois, par ces dix noms généraux et ineffables: Tetragrammaton* ✠ *Jeva* ✠ *Jeovah* ✠ *Agla* ✠ *Shaday* ✠ *Elohim* ✠ *Sabaoth* ✠ *Saday* ✠ *Sother* ✠ *Emmanuel* ✠ *El* ✠ *Theos* ✠. *Que tu apparaisses sans délai, et nulle fallace ni changement, pour me répondre et m'obéir en tout ce que je désirerai de toi. Sinon, je te relèguerai dans les Abîmes de l'Enfer pour y rester à ma volonté. Regarde ce Pentacle qui est la Force et Puissance du Très Haut, Ya, He, Vau, Bet, Gimel, Lomet, Sabaoth* ✠

Les Caractères qui sont représentés ci-après sont de l'Esprit des Ténèbres **LEVIATHANT**.

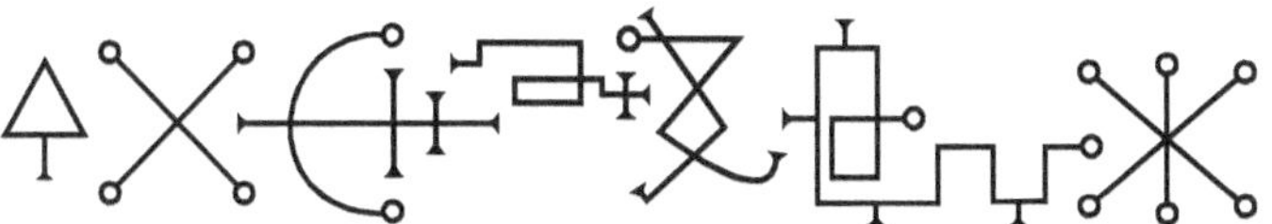

Cet Esprit est extrêmement redoutable, et il est commandant de vingt-sept Légions. Suivant

Uverius [14] à son rapport, il a de grandes facultés comme de la Transmutation des Métaux, les Pierres Précieuses, les vertus des Simples, Plantes et Herbes, et Animaux, les Trésors cachés, même dans les entrailles de la terre. Son appel doit se faire vers la Partie Méridionale, aux heures des Planètes de Saturne, la Lune et de Mars, aux Signes des Poissons ou du Bélier.

Son apparition est très redoutable et terrible, en plusieurs figure hideuse de Monstres et Animaux féroces. Il faut pour le contraindre faire une Conjuration très forte et avoir beaucoup de hardiesse, de fermeté et de courage, étant dans le Cercle même, pour votre défense et conservation. Il parle fort haut d'un ton de tonnerre. Il transporte aux Sabbats les Sorciers qui ont fait accord avec lui. Il donne des Poudres et Graisses, donne des Esprits familiers qui vous servent en toutes choses. Donnez-vous bien de garde de ces embûches, car il ne cherche qu'à vous tromper en toutes choses. Il parle souvent sans se faire apparaître pour mieux vous attraper en ses filets, et il promet beaucoup.

---

14   Possiblement un philosophe du 16e siècle.

Suivant le rapport du même Uverius, voici ci-après les Caractères de l'Esprit qui se nomme **BERITH**. [15]

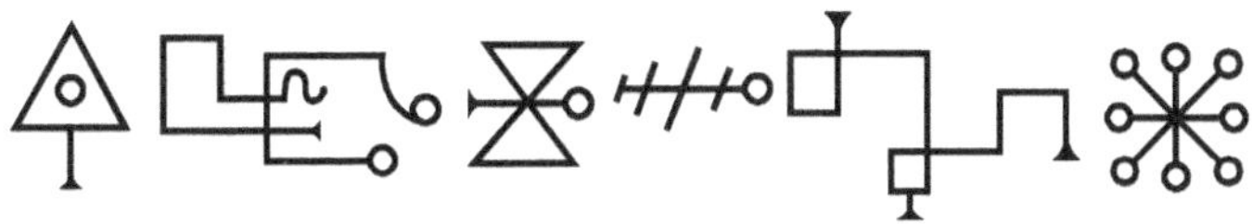

Voici les propriétés et vertus qu'il déclare être en cet Esprit, disant que BÉRITH est un Esprit qui est assez docile, lequel rend réponse juste sur ce qu'on lui demande. Son apparition se fait la nuit à onze heures du soir; la Lune étant nou-

---

15   Berith est le 28ᵉ Esprit Goétique. Il est dit à son propos :

Le Vingt-huitième Esprit en cet Ordre, tel que Salomon les a liés, s'appelle Berith. C'est un Duc Puissant, Grand et Terrible. Il possède deux autres noms qui lui ont été donnés par les Hommes des temps plus modernes, à savoir : Beale, ou Beal, et Bofry ou Bolfry. Il apparaît sous la Forme d'un Soldat portant des Vêtements Rouges et montant un Cheval rouge, et ayant une Couronne d'Or sur sa tête. Il donne de vraies réponses sur le passé, présent et l'avenir. L'opérateur doit utiliser un anneau lors de son appel, tel qu'il a été dit concernant Beleth. Il peut transformer tous les métaux en Or. Il peut donner et confirmer les Dignités à l'Homme. Il parle très clairement d'une voix douce. Il est un grand Menteur, et il ne faut pas s'y fier. Il gouverne 26 Légions d'Esprits. (*Goetia — Petite Clé du Roi Salomon*, p.91, Unicursal 2019).

velle et en sa croissance, et ce lorsqu'elle est au Signe du Bélier, du Taureau ou du Lion. Ses Caractères doivent être faits sur peau de Bouc. Il a de grandes vertus et de très grands pouvoirs, car il commande à plusieurs Légions d'Esprits. C'est un Esprit du Nord et sa demeure est aux lieux Aquatiques. Son grand pouvoir est sur les Eaux, les Poissons et sur toutes sortes d'Animaux Aquatiques, les Herbes, les Pierres, les Métaux, et les Navigations.

Ses jours les plus propres sont Mardi, le Jeudi et le Samedi.

Son Invocation et Conjuration se fera toujours aux Heures Nocturnes.

Voici son Invocation et Conjuration qui est fort simple et brève.

Je te conjure Berith, par la Très-Sainte Trinité, Pater ✠ *Filius & Spiritus* ✠ *Santus, Sanctus, Sanctus, Dominus Deus Sabahot* ✠ *Elohim Jeova* ✠

Il vous apparaîtra, à la troisième fois que vous aurez récité cette Conjuration, sous la figure d'un Roi richement vêtu en grande pompe et d'une grandeur majestueuse. Et il parle fort haut.

Les Caractères qui s'ensuivent sont de **BELZEBUTH**, Prince.

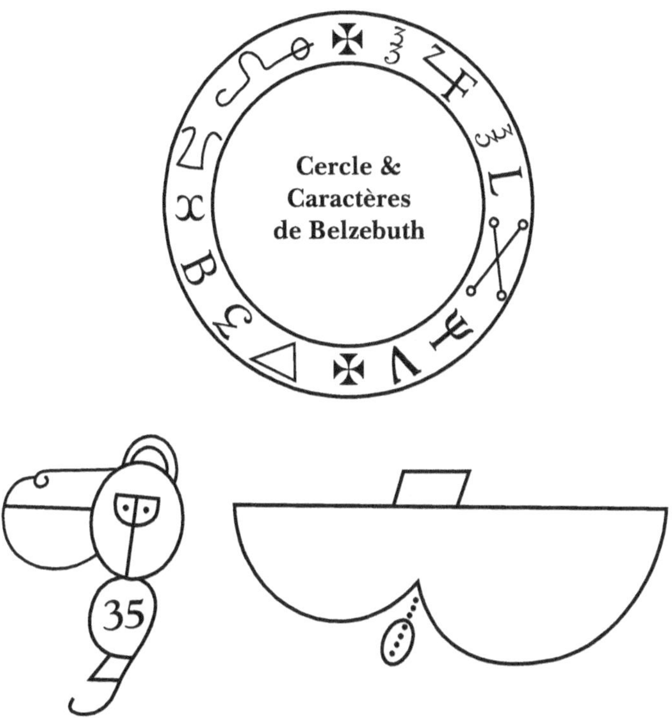

Conjuration et Évocation à Belzebut.

Belzebut, Lucifer, Madilon, Asohym, Osaroy, Thers, Amedo, Segrael, Praredon, Adricahorom, Martir, Timot, Lameron, Phorsy, Metonte, Prumofy, Dumaso, Divisa, Alphroys, Fubentronty. Venite Belzebut. Amen.

Il y a trois principaux Esprits ou Intelligences qui sont sous la domination de BELZEBUT, savoir : EGALIERAP [16], TARCHIMACHE, et FLERNTY. [17]

Voici leurs Caractères. [18]

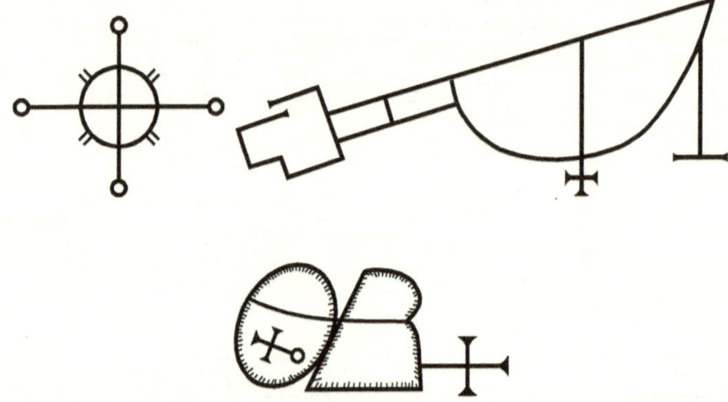

---

16   GV : *Agalierapts*. DR : *Agaliarept*.

17   DR : *Fleurety*.

18   Dans le Ms., le dernier Caractère (qui ressemble à OB+) se retrouve sous le Caractère de Lucifer de la page suivante. Je l'ai donc placé en troisième position, ce qui en ferait celui attribué à *Flernty*. Il est à noter que le Caractère de Flernty (Fleurety) dans le *Dragon Rouge* ne ressemble en rien à ceux-ci.

CONJURATIONS POUR LES SEPT JOURS DE LA SEMAINE.

Pour le Lundi à LUCIFER.

Voici les Caractères de LUCIFER.
S'ensuit ses Conjurations.

Première Conjuration à LUCIFER. [19]

LUCIFER ✠ *Oviar* ✠ *Chameron* ✠ *Aliscor* ✠
Mandusin ✠ *Premy* ✠ *Oriel* ✠ *Mayrdrus* ✠ *Osmony*
✠ *Eparine* ✠ *Sont* ✠ *Estio* ✠ *Dumoson* ✠ *Donoar* ✠
Casmiel ✠ *Hagras* ✠ *Fabbrom* ✠ *Honsi* ✠ *Sordinot* ✠
Pratham ✠ *Venite* ✠ *Lucifer* ✠ *Amen* ✠

Les deux Intelligences qui lui sont soumises sont SATHAN et ACHIA. [20]

Nota. Que je n'ai point trouvé de Caractères de ces deux Intelligences, ce qui n'empêche l'évocation. Mais j'ai trouvé le Caractère de SATANACHI, qui est sous SIRACHI et dépendant de LUCIFER, et ont chacun leur Caractère. Voyez page 148 en la

---

19   Dans le *Dragon Rouge*, cette dernière porte le nom d'*Appellation à Lucifer* :

Lucifer, Ouia, Kameron, Aliscor, Mandusemini, Poëmi, Oriel, Madugruse, Parinoscon, Estio, Dumogon, Davorcon, Casmiel, Hugras, Fabil, Vonton, Uli, Sodierno, Petan. Venite, Lucifer. Amen.

20   Il ne serait pas étonnant que ces derniers noms soient une déformation de l'Esprit *Satanachia* (Sathan-Achia) qui est en fait Grand Général sous *Lucifer*, dans le *Grand Grimoire*. Ceci expliquerait pourquoi l'auteur n'a point trouvé de Caractères pour ces Esprits. Le *Grimorium Verum* indique comme subalternes *Put Satanakia* et *Agalierap*.

Clavicule des Psaumes.[21] Il est bon d'avoir recours à [la] Philosophie, pour plus d'Intelligence.[22]

L'Expérience de Lucifer se fait souvent depuis onze heures jusqu'à douze, et depuis trois jusqu'à quatre. Il faudra du charbon ou de la craie bénite pour faire le Cercle (sauf meilleur avis), pour former chaque Cercle… autour duquel on écrira ce qui suit :

Je te défends, Lucifer, au Nom de la Très-Sainte Trinité, d'entrer dans ce Cercle.

Il faudra avoir une souris toute prête pour lui donner lorsque vous le renverrez. L'Opérant doit avoir de l'eau bénite et être revêtu d'un surplis ou d'une aube et une étole pour commencer la Conjuration allègrement, et commander âprement et vivement, comme doit faire un Maître à son serviteur, avec toutes sortes de menaces, se servant des termes suivants : *Satam, Rantam,*

---

21   Je me hasarderais à dire qu'il s'agit du traité du XVIIIe siècle : *Clef des clavicules de Salomon, des 150 Psaumes de David, avec les caractères de tous les génies ou esprits qui président dans les opérations miraculeuses.*

22   Il est difficile de savoir l'auteur parle d'un livre contenant plus d'Intelligences, au sens d'Esprits, tel que la *Philosophie Occulte* d'Agrippa, plutôt que de débrouillardise.

Pallantre, Lutais, Cricacœur, Scircigreur, je te requiers très-humblement de me donner &c....

Il est bon de réciter la Conjuration Première ci-dessous : *Lucifer* ✠ *Oviar* ✠ *&c...*

Deuxième Conjuration à LUCIFER.

Je te conjure, LUCIFER, par le Dieu Vivant, par le Dieu Vrai, par le Dieu Saint, par le Dieu qui a dit et tout a été fait ; il a commandé et toutes choses ont été faites et créées. Je te conjure par le Nom ineffable de Dieu, On, Alpha & Omega, Eloy, Eloym, Ya, Saday, Lux, les Mugiens, Rex, Salus, Adonay, Emmanuel, Messias, et je t'adjure, conjure et exorcise, par les Noms qui sont dé-clarés par les lettres V. G. X. et par les Noms Jehova, Sol, Agla, Rassasoris, Oriston, Ophitue, Phaton, Ipretu, Ogia, Speraton, Imagnon, Amul, Penaton, Sother, Tetragrammaton, Eloy, Premoton, Sirmon, Perigaron, Iratation, Plegaton, On, Perchiram, Tiros, Rubiphaton, Simulaton, Perpi, Klarimum, Tremendum, Meraye, et par les Très-Hauts Noms Ineffables de Dieu, Gali, Enga, El, Abdanum, Ingodum, Obu, Englabis, que tu aies à venir ou que tu m'envoies N., en belle et humaine forme, sans aucune laideur, pour répondre à la réelle vérité de tout ce que je lui demanderai, sans avoir pou-voir de me nuire tant au corps qu'à l'âme, ni à qui que ce soit.

Pour le Mardi à **NAMBROTH**.

Apollonius et Thianius[23] disent que c'est un Esprit qui est fort redoutable, et qui a sous lui plusieurs Légions d'Esprits. Il gouverne la Syrie, assiste aux assemblées nocturnes des Libaniens. Il paraît en diverses formes, mais le plus souvent en Satire. Il fait grands bruits et tonnerres et éclairs. Il aime les parfums. Il apparaît la nuit du Samedi, en la Nouvelle Lune, lorsqu'elle est au Signe du Lion, comme on le peut voir en son Caractère. Il donne des Esprits familiers. Il est Gardien des Richesses et des Trésors cachés en terre, mais il faut une grande Conjuration et très-forte pour le faire obéir; c'est pourquoi il faut bien se donner de garde de lui, car il est très mauvais et furieux à son approche, comme dit fort bien Raziel. Il se tient ordinairement aux cavernes et lieux inhabitables, sur les montagnes et parmi les bêtes féroces et cruelles de la Libye, et souvent au Mont Hetna.... Son Caractère doit se faire sur du Plomb purifié, en Nouvelle Lune,

---

23   Il serait raisonnable de penser qu'il s'agit en fait d'une corruption du nom *Apollonius Thianius* (Apollonius de Tyane) célèbre thaumaturge de la fin du 1er siècle, qui serait apparu à Éliphas Lévi lors d'un rituel de magie évocatoire.

lorsqu'elle est au Signe du Lion. Ce Plomb doit être fait en lamine.

Figures du Caractère de NAMBROTH.

Cette Expérience se fait la nuit, depuis neuf heures jusqu'à dix. On doit lui donner la première pierre que l'on trouve ; c'est pour être reçu en dignité et honneur. On y procédera de la façon du Lundi. On fera un Cercle autour duquel on y écrira :

Obéis-moi Nambroth, obéis-moi Nambroth, obéis-moi Nambroth.

Conjuration.

Je te conjure, NAMBROTH, et te commande par tous les Noms par lesquels tu peux être contraint et lié. Je t'exorcise, NAMBROTH, par ton Nom, par la vertu de tous les Esprits, par tous les Caractères, par le Pentacle de Salomon, par les Conjurations Judaïques, Grecques, Chaldaïques, et par ta confusion et malédiction, et redoublerai tes peines et tourments de jour en jour à jamais, si tu ne viens maintenant pour accomplir ma volonté et être soumis à tout ce que je te commanderai, sans avoir pouvoir de me nuire tant au corps qu'à l'âme, ni à ceux de ma compagnie.

LE MERCREDI POUR ASTAROTH.[24]

Cette Expérience se fait [la nuit] entre dix et onze heures ; c'est pour acquérir les bonnes grâces de l'Empereur, Roi ou autre puissance souveraine &c…

Pour mettre cette Expérience en exécution, il faut être revêtu de linge blanc et avoir de la craie bénite, avec laquelle vous formerez le Cercle et les noms tel qu'il est présenté ci-après, au-dedans duquel on se mettra pour faire les Conjurations.

---

24   Astaroth est le 29ᵉ Esprit Goétique. Il est dit à son propos :

Le Vingt-neuvième Esprit est Astaroth. Il est un Puissant et Fort Duc, et apparaît sous la Forme d'un Ange offensant chevauchant une Bête Infernale comme un Dragon, et tenant une Vipère dans sa main droite. L'opérateur ne doit en aucun cas le laisser s'approcher de trop près, à défaut de quoi il lui causera des dommages par son Haleine Nocive. C'est pourquoi le Magicien doit tenir l'Anneau Magique près de son visage et cela l'en protégera. Il donne de vraies réponses à propos des choses passées, présentes et à venir, et peut découvrir tous les Secrets. Il pourra déclarer sciemment comment les Esprits ont chuté, si désiré, et la raison de sa propre chute. Il peut rendre les Hommes merveilleusement savants dans toutes les Sciences Libérales. Il dirige 40 Légions d'Esprits. Son Sceau devra être porté en avant comme Lamen, à défaut de quoi il n'apparaîtra pas, ni n'obéira, etc. (*Goetia — Petite Clé du Roi Salomon*, p.93, Unicursal 2019).

Pendant que les parfums brûlent, on dira ce qui suit :

Conjuro te ASTAROTH, *per Sanguinem Jesum Christum* ✠ *Apud Aparitio ad te* ✠ *venisti quid venire & veni complaceat & crime* ✠

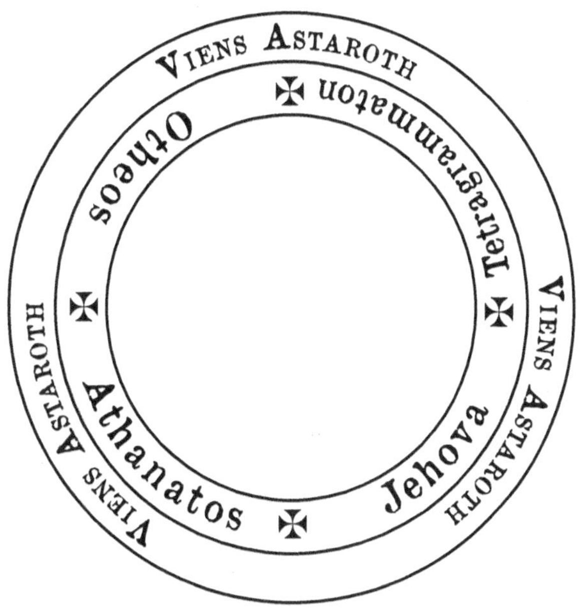

[On écrira dans le Cercle : *Viens Astaroth, viens Astaroth, viens Astaroth*] comme il est parlé en plusieurs endroits de faire les Cercles, et écrire ce qu'il y a à écrire avec du charbon ou de la craie bénite. On pourrait aussi les faire sur des bandes de papier cousues ou collées ensemble, que l'on pourra doubler de toile, dont il serait plus facile d'écrire ce qu'il y a à écrire, et ce, avec la plume et l'encre de l'Art et le tout disposé selon l'Art. Et lorsque le Cercle sera fait de grandeur suffisante, suivant le modèle donné ci-dessus, on entrera dedans. Étant posé en place et lieu convenable, on dira la suivante Conjuration.

Conjuration.

Je te conjure, ASTAROTH, méchant Esprit, par les paroles et vertus de Dieu, et par le Dieu Tout-Puissant, et par Jésus-Christ de Nazareth, auquel tous les Démons sont soumis ; qui a été conçu de la Vierge Marie, par le Mystère de l'Ange Gabriel, je te conjure derechef, au Nom du Père, et du Fils, et du St-Esprit ; au Nom de la glorieuse Vierge Marie, et de la Très Sainte Trinité en l'honneur de laquelle tous les Archanges, les Trônes, les Dominations, les Puissances, les Patriarches, les Prophètes, les Apôtres et les Évangélistes chantent sans cesse : Saint, Saint, Saint, le Seigneur Dieu des Armées, qui a été, qui est, et qui viendra comme fleuve de feu ardent, que tu ne négliges pas mes commandements, et que tu ne refuses de venir. Je te commande par celui qui viendra tout en feu juger les Vivants et les Morts, auquel est dû tout Honneur, Louange et Gloire. Viens donc promptement obéir à ma volonté. Viens donc rendre honneur au Dieu Vrai, au Dieu Vivant, et à tous ses Ouvrages, et ne manque pas de m'obéir et rendre honneur au Saint-Esprit; c'est en son Nom que je te commande.

[Figures du Caractère d'Astaroth.]

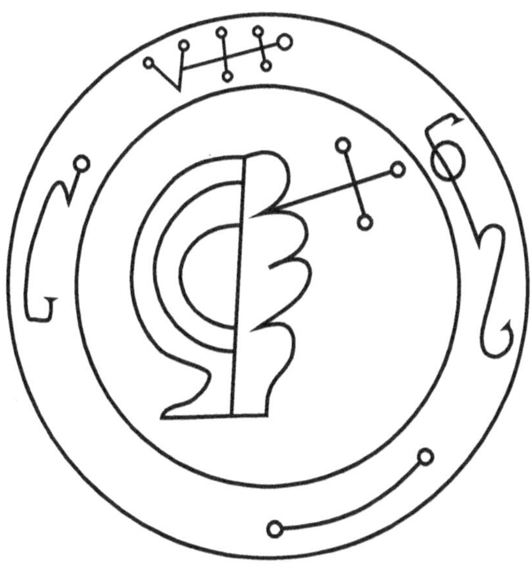

Le Cercle étant fait tel qu'il est représenté ci-à côté[25] et suivant l'instruction qu'il en est donné

---

25   Page précédente.

au-dessous, étant muni du Caractère rapporté ci-dessus, l'on entrera dans ledit Cercle, et on dira la Conjuration ci-devant, et on ajoutera les suivantes, ayant dit auparavant par trois fois de suite le *Cantique des trois Enfants dans la fournaise*[26] : *Benedicite &c.* et le Ps. 148 : *Laudate &c.*

Conjurations.

Moi N., je te conjure Esprit N., au nom du Grand Dieu Vivant, qui a fait le Ciel et la Terre et tout le contenu d'iceux, en vertu du Saint-Esprit et du Saint Nom de J.-C., le très cher Fils du Très-Haut, qui a souffert Mort et Passion, et par le précieux amour du Saint-Esprit et Trinité parfaite, que tu aies à m'apparaître dans une forme agréable et sans bruit. Je t'en conjure au Nom du Grand Dieu Vivant.

Adonay ✠ *Tetragrammaton* ✠ *Adonay* ✠ *Jehova, Otheos, Athanatos, Adonay, Jehova, Otheos, Athanatos, Adonay, Jehova, Otheos, Athanatos, Tetragrammaton, Aluciat, Adonay, Ischiros, Athanatos, Saday, Saday, Saday, Adonay* ✠ *Saday, Tetragrammaton* ✠ *Saday, Jehova, Adonay, Elohy, Elohy, Agla, Elohy, Agla, Adonay, Adonay, Adonay* ✠

---

26   *Canticum trium Puerorum.* Daniel 3 :57-88, 56.

Ayant dit ces Conjurations par trois fois de suite, vous entendrez aussitôt un concert de toutes sortes de musiques par divers instruments, mais il ne faut point avoir aucune peur de tous ce que vous entendrez et verrez. De plus, vous pourrez voir plusieurs Spectres pour vous épouvanter, mais surtout ne vous bougez et ne sortez point du Cercle que toutes ces visions ne soient disparues ; et si elles demeuraient trop longtemps, vous direz trois fois les paroles suivantes :

Otheos, Otheos, Otheos, Athanatos, Ischiros, Athanatos, Adonay, Adonay, Adonay, Jehova, Tetragrammaton ✠

Aussitôt que vous aurez achevé ces paroles, tout cela doit disparaître d'autant que les Esprits ne cherchent qu'à épouvanter. Mais ayez bon courage, car ce n'est qu'illusion. Après que tous ces Fantômes seront disparus, l'Esprit vous apparaîtra, et alors vous lui demanderez ce que vous désirez. Et étant satisfait, il faut le renvoyer et le remercier par ces paroles du Renvoi, page 131[27], montrant le Pentacle.

---

27   Le Ms. 4666 comporte plusieurs textes. L'auteur fait référence aux *Clavicules de Salomon* qui se trouvent au dé-

Observations nécessaires pour les Conjuration des Esprits ainsi que les Renvois lorsqu'on est dans le Cercle.

Remarquez que lorsque vous ferez les Conjurations, étant dans le Cercle, il n'en faut point sortir quoique vous entendiez tels bruits que ce puisse être. Et s'ils vous apportent ce que vous leur demandez, vous les congédierez par le suivant Renvoi.

Renvoi des Esprits étant dans le Cercle.

Au Nom ✠ du Père ✠ et du Fils ✠ et du Saint-Esprit. Allez en paix en vos retraites, et que la paix règne entre nous et vous. Soyez toujours prêts de venir dès que je vous appellerai.

---

but du Manuscrit. À la page 131, on y retrouve le passage suivant :

Grand Pentacle pour le Renvoi
Lorsque l'on prononce le renvoi, il est bon de présenter ce Pentacle, en disant ce qui suit.

Renvoi
Voilà votre sentence qui vous défend d'être rebelles à nos volontés et qui vous ordonne de retourner dans vos demeures. Que la paix soit entre vous et nous, et soyez prêts de revenir toutes les fois que je vous appellerai pour faire ma volonté.

Il faut aussi remarquer, comme une chose très nécessaire, que les Conjurations de l'appel des Esprits et le contrat ou cédule que vous devez faire avec eux, doivent être écrits sur du Parchemin vierge (préparé selon l'Art) de peau d'Agneau de lait, et faire dire ou dire dessus l'*Évangile St-Jean*, telle qu'elle est rapportée ci-après avec ses Pentacles, le bénissant et l'aspergeant, et ce, par un Prêtre s'il se peut, car autrement les Esprits n'apparaîtront point et ne vous serviront de rien qu'à vous molester et vexer en divers manières.

Il faut aussi remarquer que chaque Caractère d'Esprit doit être fait ou écrit avec du sang d'un jeune poulet qui n'aura point été chaponné, principalement lorsque vous voudrez conjurer et évoquer quelque Prince ou Duc, et toujours sur du parchemin vierge, comme il est dit, en récitant l'*Évangile St-Jean* sur ledit parchemin, comme il est dit ci-dessus.

Comme il est marqué ci-devant, au-dessous du Caractère, que l'on doit réciter le *Cantique des 3 Enfants dans la fournaise*, et le Psaume 148, par 3 fois. Il sera bon aussi d'y joindre l'Oraison ci-dessous, et 5 *Pater* et 5 *Ave*, &c.

In nomine Jesus omne flectatur, Cœlestium, Terrestrium & Infernorum & omnia lingua confiteatur quia Dominum noster Jesus Christus. In gloria Dei Patris ✠ & Filii ✠ & Spiritus Sancti ✠ Amen.

Ayant ainsi récité par tout ce qui est mentionné pour la préparation de l'Œuvre, vous entrerez ensuite dans le Cercle, ayant sur vous de la racine de Pervenche, de Fougère ou de Verveine, ou même de tous les trois s'il vous est possible.

Ensuite, vous pourrez faire votre Conjuration de l'appel des Esprits et vous en verrez l'effet. Mais surtout, soyez chaste et pur, tant de sexe que d'autres pollutions, au moins de 3 jours, et vous pourrez être assuré d'avoir une entière satisfaction de tout ce que vous pouvez désirer.

Pour le Jeudi à ACHAM.

Cette Expérience se fait la nuit, depuis 3 heures jusqu'à 4, en laquelle on l'appelle, et [alors il] paraît en forme de Roi. Il faut lui donner un peu de pain afin qu'il parle. C'est pour rendre l'homme heureux et aussi pour les Trésors. On écrira autour du Cercle :

Par le Dieu Saint, par le Dieu Saint, par le Dieu Saint, ou un autre [Cercle] dans ce premier, dans lequel on écrira : *Adonay nasim pin 7. 7. H. M. A.*

Conjuration.

Je te conjure, ACHAM, par l'image et ressemblance de Jésus-Christ Notre-Seigneur, qui par sa Mort et Passion a racheté le genre humain. Qui veut que par sa providence tu sois ici présent tout maintenant. Je te commande par tous les Royaumes de Dieu; Agis : je t'adjure et te contrains par son Saint Nom, par celui qui a marché sur l'aspic, qui a écrasé le Lion et le Dragon, que tu aies à m'obéir et faire mes commandements, sans avoir pouvoir de me nuire, ni au corps ni à l'âme, ni à qui que ce soit.

POUR LE VENDREDI À **BECHET.**

Cette Expérience ne se fait que la nuit, savoir depuis onze heures jusqu'à minuit. Il faut lui donner une noix. Et l'on écrira dans son Cercle ce qui suit :

Viens Bechet, viens Bechet, [viens Bechet].

Conjuration.

Je te conjure, BECHET, et te contrains de venir à moi. Je te conjure derechef, par les Très-Saints Noms de Dieu, Eloy, Adonay, Eloy, Agla, Samalabactani, qui sont écrits en Hébreu, Grec, et Latin ; par tous les sacrements, par tous les Noms écrits en ce LIVRE, et par Celui qui t'a chassé du haut du Ciel. Je te conjure et commande, par la vertu de [la] Très-Sainte Trinité et de la Très-Sainte Eucharistie qui a racheté les hommes de leurs péchés, que sans aucun délai tu viennes pour faire et parfaire tous mes commandements, sans aucune lésion de mon corps ni de mon âme, ni sans faire tort à mon Livre, ni à ceux qui sont présents ici avec moi.

POUR LE SAMEDI À **NABAM**.

Cette Expérience se fait de nuit, depuis onze heures jusqu'à minuit. Et sitôt qu'il paraît, il faut lui donner du pain brûlé, et lui demander ce qu'il vous plaira. Il vous obéira sur-le-champ. On écrira dans son Cercle :

N'entre pas Nabam, n'entre pas Nabam, n'entre pas Nabam.

Conjuration.

Je te conjure, NABAM, au nom de SATHAN, au nom de BELZÉBUTH, au nom d'ASTAROTH, et au nom de tous les autres Esprits, que tu aies à venir vers moi. Viens donc à moi, au nom de SATHAN et de tous les autres Démons. Viens donc à moi, lorsque je te commande au nom de la Très-Sainte Trinité. Viens sans me faire aucun mal, sans lésion, tant de mon âme que de mon corps, sans me faire tort de mes Livres, ni d'aucune chose dont je me sers. Je te commande de venir sans délai, ou que tu aies à m'envoyer un autre Esprit qui ait la même puissance que toi, qui accomplisse mes commandements, et qu'il soit soumis à ma volonté, sans que celui que tu m'enverras, si tu ne viens pas toi-même, ne s'en aille point sans mon consentement, et qu'il n'ait accompli ma volonté.

POUR LE DIMANCHE À AQUIEL.

Cette Expérience se fait de nuit, depuis minuit jusqu'à une heure.[28] Il vous demandera un poil de votre tête. Il faut lui en donner un comme de renard ; il faut qu'il le prenne. C'est pour trouver

---

28   L'édition Rome 1760 indique quant à elle : *depuis onze heures jusqu'à une.*

et lever tous les Trésors et ce que vous voudrez.
On écrira dans son Cercle :

Tetragrammaton, 3, Ismael, Adonay, Ilma.

Et dans un second Cercle :

Viens Aquiel, viens Aquiel, viens Aquiel.

Conjuration.

*Je te conjure, Aquiel, par tous les Noms écrits dans
ce Livre, que sans délai et promptement, tu sois ici tout
prêt à m'obéir, ou que tu m'envoies un Esprit qui m'apporte une pierre avec laquelle, lorsque je la porterai, je
ne sois vu de personne quel qu'il soit. Et je te conjure
que tu te trouves soumis à celui que tu m'enverras, ou
ceux que tu m'auras envoyés, à faire et accomplir ma
volonté, et tout ce que je commanderai, sans nuire ni
à moi ni à qui que ce soit, afin que tu saches ce que je
veux.*

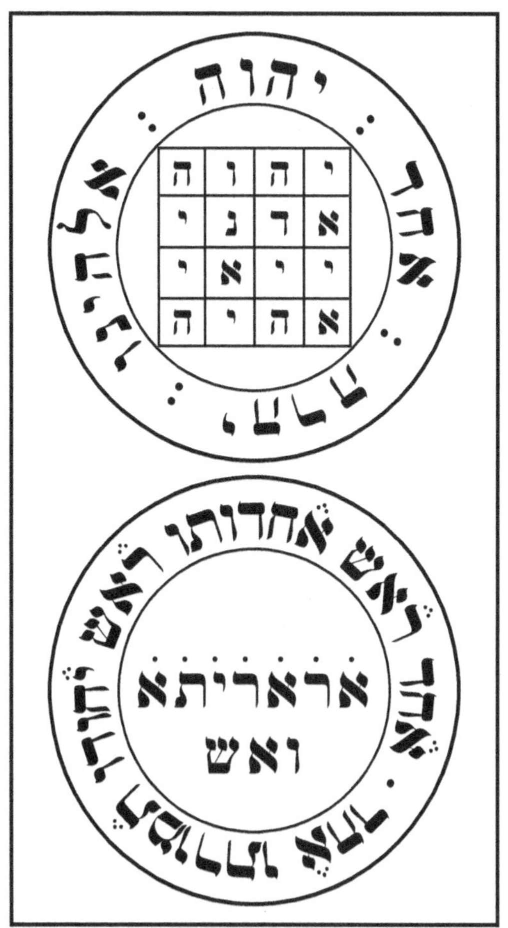

29   Le texte ne donne aucune indication sur l'usage du pentacle qui provient de l'œuvre d'Agrippa. Au centre de la première face : *YHVH, Adonai, Yiai, Ehieh.* Autour : *YHVY Eloheinu YHVH Echad.*

Le verso contient le notarikon : *Ararita.* C'est-à-dire : *Achad Rosh Achdotho Rosh Ichudo Temurahzo Achad.*

CONJURATION TRÈS-FORTE POUR TOUS
les Jours et à toute Heure, tant de Jour que de Nuit, pour les Trésors cachés, tant par les Hommes que par les Esprits, pour les avoir ou les faire apporter.

Je vous commande, Démons, qui résidez en ces lieux ou en quelque partie du monde que vous soyez, et quelque puissance qui vous ait été donnée de Dieu et des Saints Anges sur ce lieu même, et de puissantes Principautés des Abîmes d'Enfer et de tous vos confrères, tant en général qu'en spécial ; Démons, de quelques ordres que vous soyez, demeurant tant d'Orient, Occident, Midi, et Septentrion, et dans tous les côtés de la Terre ; par la puissance de Dieu le Père, par la sagesse de Dieu le Fils, par la vertu du Saint-Esprit, et par l'autorité qui m'est donnée de N.-S. J.-C. l'unique Fils du Tout-Puissant et Créateur qui nous a tous créés de rien, et toutes les créatures, qui fait que vous n'ayez pas la puissance de garder, d'habiter et demeurer en ce lieu, par qui je vous contrains et commande, que bon gré, mal gré, sans nulle fallace ni tromperies, vous me déclariez vos Noms et que me laissiez paisible puissance de cette place, et de quelque Légion que vous soyez, et de quelle partie du monde que vous habitiez, de la part de la Très-Sainte Trinité, et par les mystères de la Très-Sainte Heureuse Vierge et de tous les Saints ; je vous déchaîne tous, Esprits, qui habitez ce lieu, et je vous envoie au plus profond des Abîmes Infernales. Ainsi, allez tous, maudits Esprits et damnés, au Feu Éternel qui vous est préparé et à tous vos compagnons, si vous m'êtes rebelles et désobéissants. Je vous conjure par la même autorité. Je vous exhorte et appelle. Je vous contrains et commande de par toutes les puissances de vos supérieurs Démons, de venir, obéir, et répondre positivement à ce que je vous ordonnerai au Nom de J.-C.; que si eux, ou vous, n'obéissez promptement et sans délai, j'augmenterai en bref vos peines en Enfer pour mille ans. Je vous contrains donc de paraître ici en belle forme humaine, par les Très-Saints Noms de Dieu. Hain, Lon, Hilay, Sabaoth, Helim, Radiaha, Ledieha, Adonay, Jehova, Ya, Tetragrammaton, Saday, Messias, Agios, Ischiros, Emmanuel, Agla, Jesus, qui est Alpha & Omega, le commencement et la fin, que vous fussiez dans le plus profond des Abîmes, dans le feu justement établi, afin que derechef vous n'ayez aucune puissance de résider, d'habiter, ni demeurer en ce lieu, et vous demande ce que vous ferez, par et vertu des susdits Noms, et que St-Michel Ange vous envoie au plus profond du Gouffre Infernal, au Nom du Père, et du Fils, et du Saint-Esprit. Ainsi soit-il.

Je te conjure, ACHAM, ou qui que tu sois, par les Très-Saints Noms de Dieu, par Malhame, Jac, May, Mabron, Jacob, Dasmedias, Eloy, Aterestin, Janastardy, Finis, Agios, Ischiros, Otheos, Athanatos, Agla, Jehova,

Homausion, Aja, Messies, Sother, Christus vincit, Christus regnat, Christus imperat, increatur Spiritus Sanctum.

Je te conjure, CASSIEL[30], ou qui que tu sois, par tous les noms susdits avec puissance et en t'exorcisant. Je te recommande par les autres susdits Noms du Très-Grand Créateur qui te sont communiqués, et qui le seront encore ci-après, afin que tu écoutes tout incontinent et dès à présent mes paroles et que tu les observes inviolablement comme des sentences du Dernier Jour tremblant du Jugement auquel il faut que tu m'obéisses inviolablement. Et ne pense pas me rebuter à cause que je suis un grand pécheur, mais sache que tu rebutes les commandements du Très-Haut Dieu. Ne sais-tu pas que tu perds tes forces devant ton Créateur et le nôtre ? C'est pourquoi, pense à ce que tu refuses, d'autant que me promettant et jurant par ce Dernier Jour tremblant du Jugement, et par Celui qui a tout créé d'une seule parole, auquel toutes créatures obéissent. P. per sedem Baldacy & per gratiam & diligentem tuam habuisti ab eo hanc nalatimanamilam, afin que je te demande.

---

30   *Cassiel* est un Ange associé à la planète Saturne. Il est parfois vu comme un Archange, selon d'autres traditions.

Le Saint Évangile selon St Jean.

Ň.Ň.Ň. *je vous invoque, moi N. et vous contrains, par la vertu toute puissante de Jésus de Nazareth, de vous apparaître tout présentement en belle figure humaine, et ce, pour répondre à ma demande.*

Commencement de l'Évangile selon St Jean.

Au ✠ commencement était le Verbe, et le Verbe était en Dieu, et le Verbe était Dieu. Il était dès le commencement dans Dieu. Toutes choses ont été faites par lui, et rien de ce qui a été fait n'a été fait sans lui. Dans lui était la vie, et la vie était la lumière Ň.Ň.Ň. *des hommes; Et la lumière luit* Ň.Ň.Ň. *dans les Ténèbres, et les* Ň.Ň.Ň. *Ténèbres ne l'ont point comprise. Il y eut un homme envoyé de Dieu qui s'appelait Jean. Il vint pour rendre témoignage à la Lumière* Ň.Ň.Ň. *afin que tous crussent par lui. Il n'était pas la Lumière* Ň.Ň.Ň. *mais il vint pour rendre témoignage à celui qui est la lumière* Ň.Ň.Ň. *C'était la vraie Lumière qui éclaire* Ň.Ň.Ň. *tout homme* Ň.Ň.Ň. *venant en ce monde. Il était dans le monde et le monde a été fait par lui, et le monde ne l'a pas connu. Il était venu chez soi, et les siens ne l'ont point reçu. Mais il a donné à tous ceux qui l'ont reçu le pouvoir d'être fait enfants de Dieu à ceux qui croient en son nom; qui ne sont point nés du sang, ni des désir de la chair, ni de la volonté de l'homme, mais de Dieu même. Et le Verbe s'est fait chair N. N. N. et il a habité parmi nous plein de grâce et de vérité et nous avons vu sa gloire, qui est la gloire du Fils unique du Père.*

℟. Rendons grâce à Dieu. N. N. N.

Remarquez qu'à chaque endroit où il y a trois N. N. N. ainsi figurés, c'est là qu'il vous faut nommer par neuf fois le nom de celui que vous voulez faire venir. Et à l'endroit où est marqué la croix, il faut aussi nommer le nom par neuf fois.

Pentacle de l'Évangile de St. Jean.

Voici les trois petits Pentacles de Salomon.

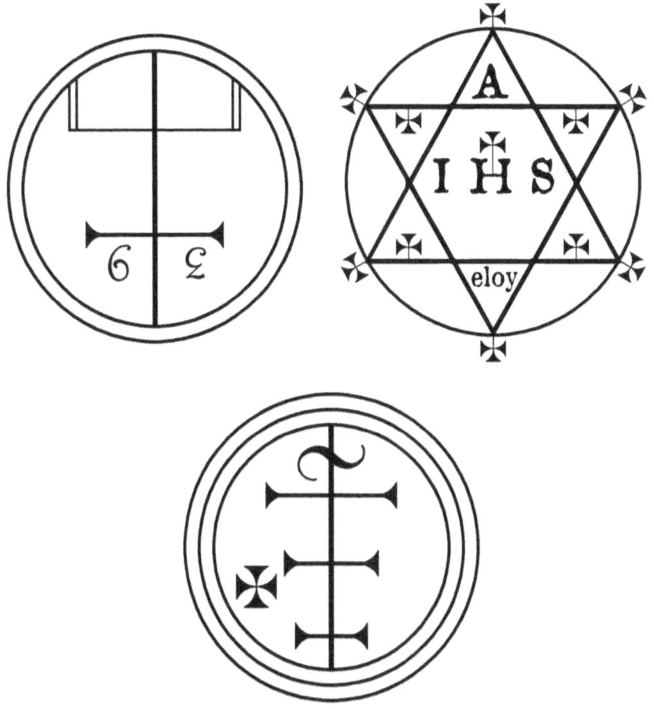

Appendice 1 – *Wellcome Ms. 4666*

Cercles, Sceaux & Caractères

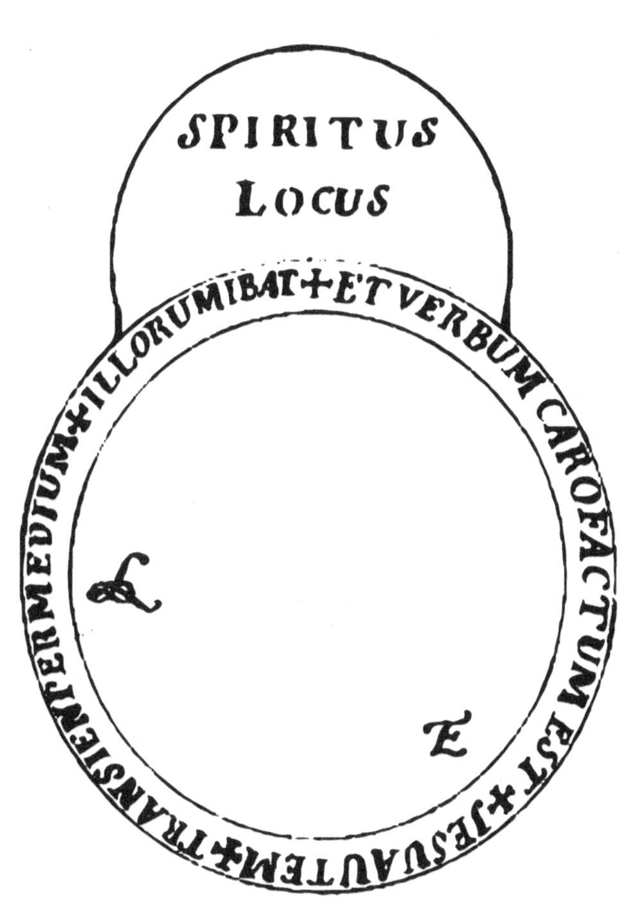

SPIRITUS
LOCUS
ET VERBUM CAROFACTUM EST + JESUAUTEM + TRANSIENTERMEDIUM + ILLORUMIBAT +

page 14.

page 15.

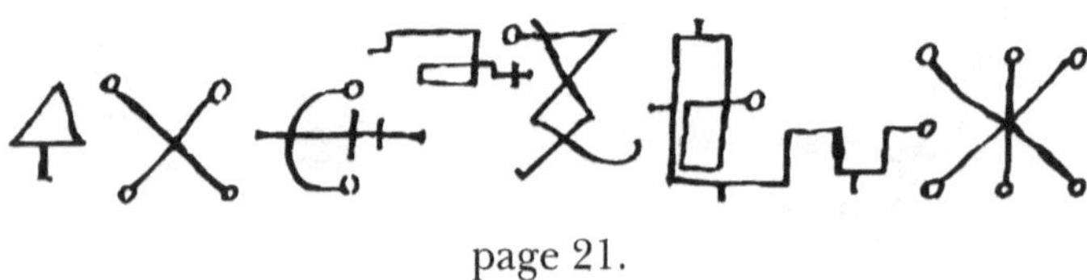

page 21.

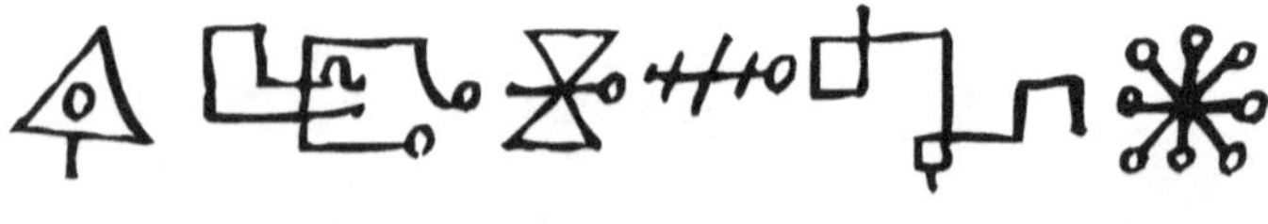

page 23.

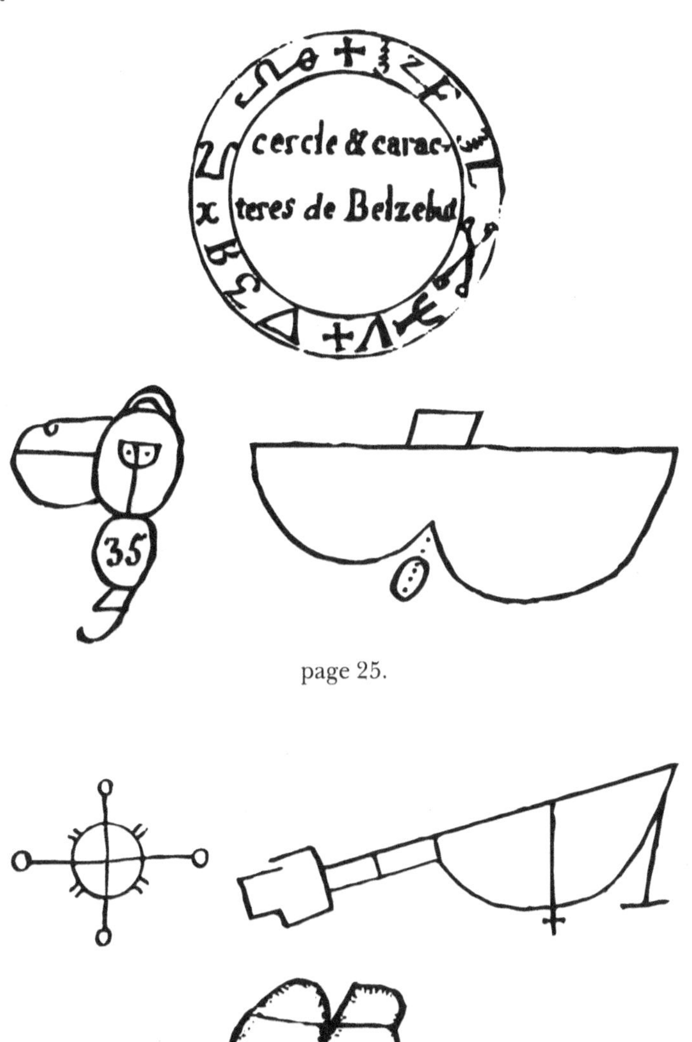

page 25.

page 26.

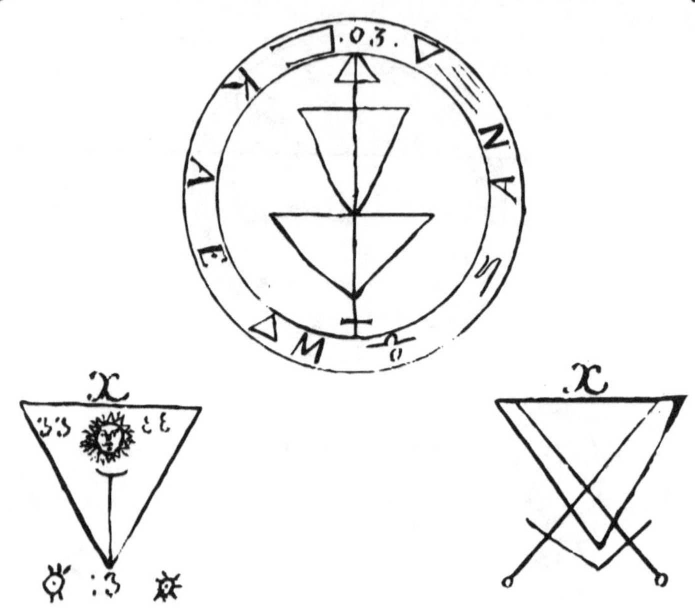

page 27.

page 32.

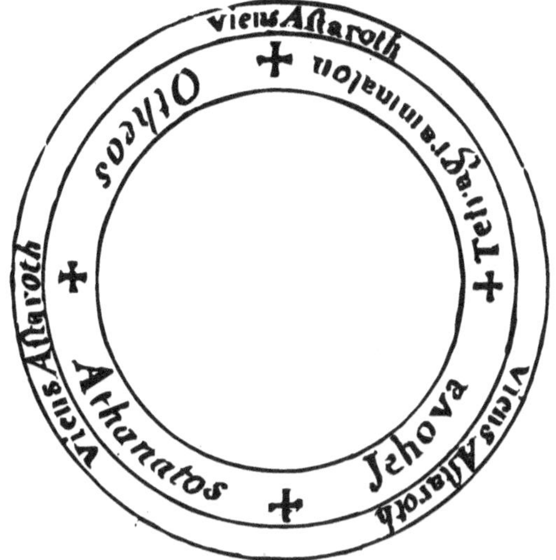

page 35.

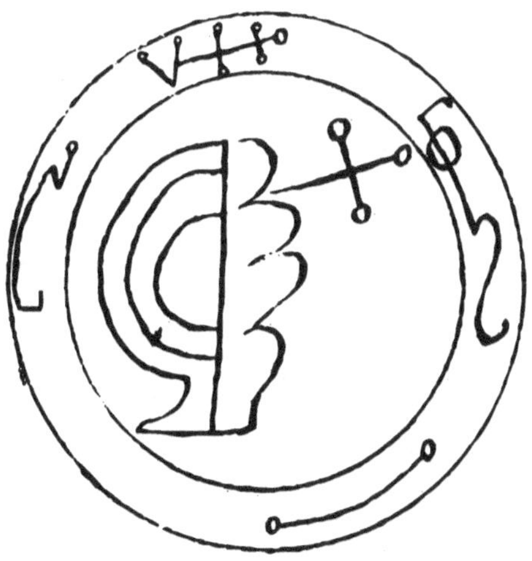

page 37.

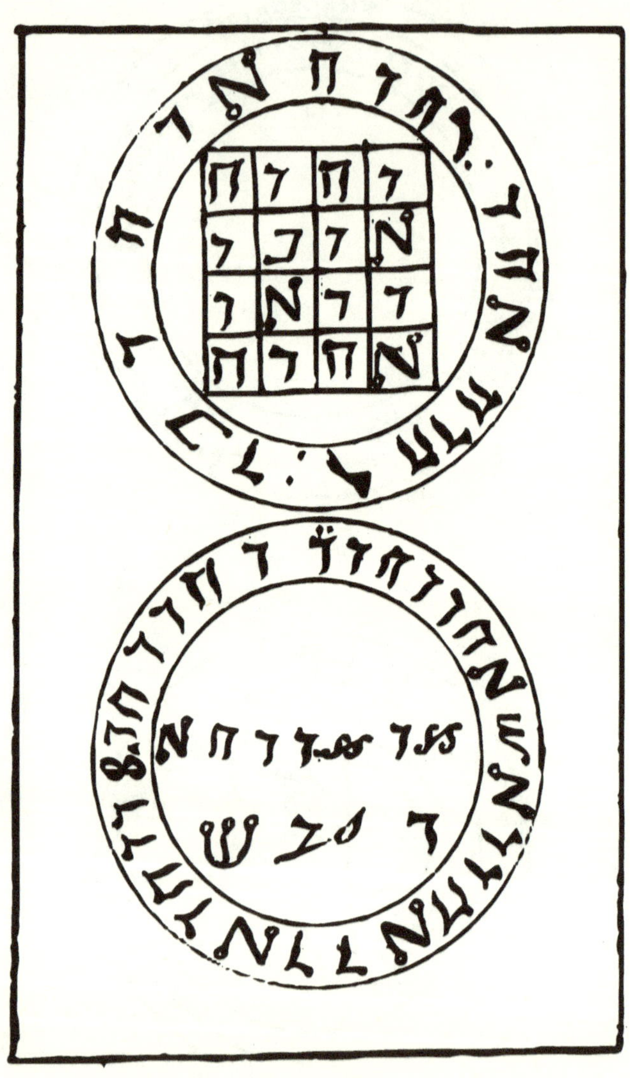

page 47.

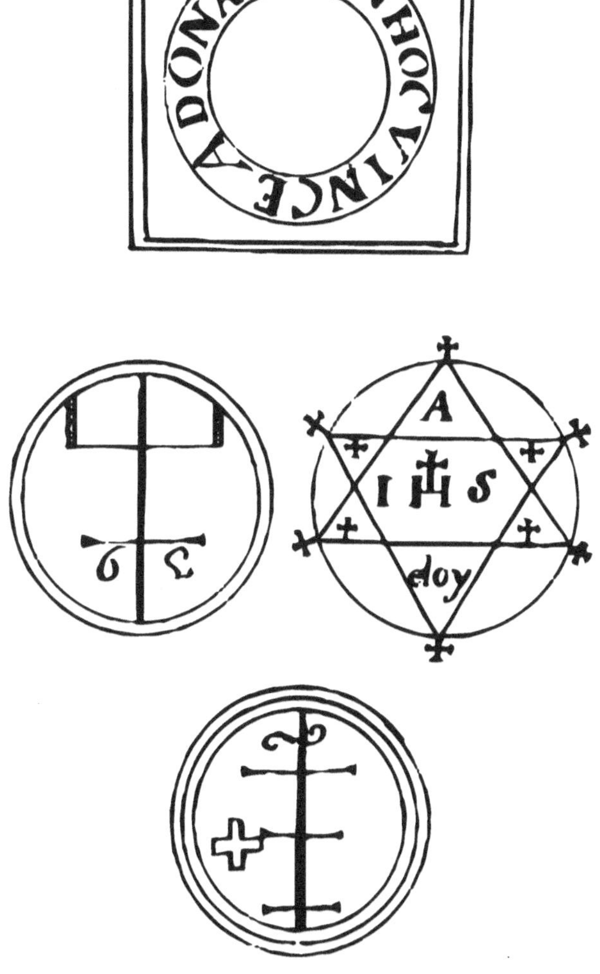

page 52 & 53.

Arsenal Ms. 2494

GRIMOIRE
DU PAPE
HONORIUS
LE GRAND

GRIMOIRE DU PAPE
HONORIUS
LE GRAND

Honorius le grand, ayant appelé des magiciens de toutes les parties du monde, leur commanda de venir à Rome, en sûreté de leur personne, mais ce qui ne se put faire sans grande difficulté, tant par les chemins dangereux que par la méchanceté des Esprits qui existaient, des pluies et neiges horribles dans le pays. Nonobstant quoi, ils sont arrivés à Rome et se sont rencontrés tous ensemble, en même temps dans ce lieu.

L'un desquels s'appelait HIEROSME ADAM, du duché de Milan, qui demeurait dans une épaisse forêt et qui fit cette expérience à Rome lui-même, l'ayant composée pour parler aux Esprits après la conjuration du livre.

CONJURATION DU LIVRE
QUI SE FAIT IMMÉDIATEMENT APRÈS LA CONSÉCRATION DU PAIN ET DU VIN.

Je te conjure, ô Livre, que tu sois profitable à ceux qui se serviront de toi en toutes leurs affaires ✠ Je te conjure, par la vertu du Sang de Jésus-Christ qui est contenu dans ce Calice, que tu sois bon à ceux qui te liront.

Il faut conjurer et exorciser le Livre de la façon susdite, par trois fois, en l'honneur de la Très-Sainte Trinité, puis achever la messe.

Ce qu'il faut dire en faisant le Cercle.

Je fais ce Cercle pour tenir en bride et restreindre l'Esprit Malin, au nom du Père ✠ et du Fils ✠ et du Saint-Esprit ✠ à ce qu'il n'ait la puissance d'entrer dans ce Cercle et de faire mal à quelqu'un.

Ce cercle, et les autres suivants, se doivent faire avec du charbon de saule béni ou bien avec de la craie.

Conjuration générale des Esprits Démons.

Au nom du Père ✠ *et du Fils* ✠ *et du Saint-Esprit* ✠ *Levez-vous tous, Esprits Malins, par la vertu et puissance de votre Roi, par les Sept Couronnes de vos Rois, et par les chaînes sulfurées sous lesquelles tous les Esprits Démons de l'Enfer sont arrêtés. Contraignez N... de venir vers moi devant ce Cercle, pour répondre à mes demandes, faire et accomplir tout ce que je lui demanderai, selon le pouvoir qui lui a été donné. Venez donc, tant de l'Orient que de l'Occident, et me faites venir N... Esprit. Je vous en conjure et vous le commande, par la vertu et puissance de Celui qui est Trine, Coéternel et Coégal, qui est un Dieu invisible et consubstantiel, qui a créé le Ciel et la Terre, et toutes choses qui sont en iceux par sa seule parole.*

Après cette Conjuration générale se doivent faire les 4 Conjurations suivantes, qui sont particulières. La première au Roi d'Orient, la 2ᵉ au Roi d'Occident, la 3ᵉ au Roi du Midi, la 4ᵉ au Roi du Septentrion.

Première Conjuration Particulière.

Ô Maimon, *Roi d'Orient très puissant, je t'appelle et invoque à cette Sainte Œuvre que je fais. Je te conjure par la puissance de tous les Noms de la Divinité et en vertu du Très-Haut. Je te fais commandement de m'envoyer promptement et sans aucun délai N... pour répondre à tout ce que je lui demanderai, ou bien tu viendras toi-même pour satisfaire à ma volonté. Et si tu ne le fais pas promptement, je t'y contraindrai par la vertu et puissance de Dieu. Je te ferai bien venir pour répondre à tout ce que je veux de toi.*

Seconde Conjuration Particulière.

Ô Roi Amaymon, *très victorieux, qui domine en la Partie du Midi. Je t'appelle et invoque, par tous les Saints Noms de Dieu. Lors donc, vient avec toute puissance, dépêche-toi de m'envoyer N..., autrement je t'y contraindrai par la vertu et puissance de la Divine Majesté, par la vertu du Très-Saint et Très-Suprême, si tu ne me l'envoies promptement pour satisfaire à ma volonté, sans m'apporter aucun trouble, ou que tu viennes toi-même pour répondre à tout ce que je demande.*

Troisième Conjuration Particulière.

Ô Roi Paymon, *très fort, qui règne et domine aux Parties Occidentale, je t'appelle par tous les Noms de la Divinité et te conjure de m'envoyer N… promptement, devant ce Cercle, pour me rendre compte et répondre de tout ce que je lui demanderai. Que si tu ne le fais, je te tourmenterai du Glaive du Feu Divin et augmenterai tes peines.*

Quatrième Conjuration Particulière.

Ô toi, Egin, *Roi et Empereur des Parties Septentrionales, je t'appelle et invoque, je t'exorcise et conjure par la puissance du Créateur, et par la vertu de toutes les vertus, que tu ne tardes à m'envoyer en belle et humaine forme N…*

Et l'ayant nommé deux fois, tu diras :

Où que tu sois, viens rendre l'honneur que tu dois au Dieu Vivant, Véritable et ton Créateur, au nom du Père ✠ *et du Fils* ✠ *et du Saint-Esprit* ✠ *Viens donc et sois obéissant devant ce Cercle, sans aucun péril du corps ni de l'âme. Viens donc en humaine et belle forme et non point terrible. Je t'adjure, par tous les Divins*

Noms que tu aies à l'appeler pour venir ici, mainte-nant. THESIEL BARACHIEL, si tu ne viens promp-tement BOLCADES suspensus vis ara achare per galium gaspar conaootum Enim scribam toitee N..., *je t'exorcise* ✠ *En t'invoquant, je te fais comman-dement très étroit, par la puissance d'un Dieu Vivant* ✠ *d'un Dieu Vrai* ✠ *et par la force d'un Dieu Saint* ✠ *et par la vertu de Celui qui a dit, et toutes choses ont été créées : le Ciel, la Terre, la Mer, les Abîmes, et tout ce qui est en eux. Je t'adjure par le Père* ✠ *par le fils* ✠ *par le Saint-Esprit* ✠ *et par la Sainte Trinité, et par le Dieu auquel tu ne peux résister, sans l'empire duquel je te ferai plier. Je te conjure par Dieu le Père* ✠ *par Dieu le Fils* ✠ *par Dieu le Saint-Esprit* ✠ *par la Mère de Jésus-Christ, Sainte et Vierge perpétuelle, par sa sainteté, par sa pureté, par sa virginité, par sa fécondité, par l'enfantement de son ventre virginal et par ses saintes mamelles, par ses saintes entrailles, par son très sacré lait que le Fils du Père Éternel a sucé, par son très sacré côté, et par son âme sainte, et par tous les précieux membres de cette Vierge, et par toutes les douleurs, passions, afflictions, labeurs et ressentiments qu'elle a soufferts, pendant que son très cher Fils pleura durant le temps de sa douloureuse Passion en l'Arbre de la Croix, et par toutes les Saintes choses sacrées qui sont offertes, tant au Ciel qu'en la Terre, en l'honneur de Notre-Seigneur Jésus-Christ et de la Bienheureuse*

Vierge Marie, sa Mère, et par tout ce qui est célébré dans l'Église militante en l'honneur d'un Dieu, enfin par toutes les Messes et par les Mystères et Signes de la Croix.

Ce que doit encore faire le Maître dans le Cercle.

Ces Conjurations achevées, si l'Esprit demandé paraît, tu lui feras signer le Livre avec promesse de revenir toutes et quantes fois tu l'appelleras. Ensuite, tu le renverras avec congé, lui ayant fait quelque don, disant :

Retire-toi en paix, sans faire tort à qui que ce soit, et sois toujours prêt chaque jour et heure que je t'appellerai.

Puis il faut dire l'Évangile de Saint-Jean : *In principio &c.* [31]

Et si les Esprits sont rebelles et que rien ne paraisse, il faut faire et dire l'Exorcisme suivant.

---

31   Jean 1:1-14.

Exorcisme des Esprits. [32]

Nous, faits à l'image et semblance de Dieu, doués de la puissance de Dieu, et faits par sa volonté, nous vous exorcisons N..., par le Tout-Puissant, très affermi, fort et admirable Nom de Dieu El, *et vous commandons par celui qui a dit, et il a été fait ; et par tous les Noms de Dieu, par le Nom* Adonay, El Elohim, Elohe, Zebaoth, Elion, Escherie, Iah, Tetragrammaton, Saday, *le Seigneur Dieu Très-Haut ; nous vous commandons avec toute puissance de nous paraître à l'instant, alentour de ce Cercle, sous une belle forme, c'est-à-dire humaine, et sans aucune déformité ni défaut.*

Venez tous ainsi, parce que nous vous le commandons par le Nom Y et V, *qu'Adam a entendu et qu'il a parlé ; et par le Nom de Dieu* Agla, *que Loth a entendu et qui l'a rendu sain et sauf avec sa famille ; et par le nom* Joth, *que Jacob a entendu de l'Ange avec qui il luttait et par lequel il a été délivré de la main de son frère Esaü ; et par le nom* Anephexeton, *qu'Aaron a entendu, et qui l'a fait parler et l'a rendu sage ; et par le nom* Zebaoth, *que Moïse a nommé, par quoi tous les fleuves et marais d'Égypte ont été convertis en sang ; et par le nom* Eserchie Oriston, *que Moïse a nommé, et*

---

32   On retrouve cet exorcisme dans l'*Heptameron* sous le titre d'*Exorcisme des Esprits Aériens.*

qui a obligé tous les fleuves à jeter dehors les grenouilles qu'il a fait monter dans les maisons des Égyptiens en détruisant tout ; et par le nom Elion, *que Moïse a nommé, et qui a fait tomber une si grande grêle qu'il n'y en a point eu de pareille depuis le commencement du monde ; et par le Nom d'Adonay, que Moïse a prononcé, et qui a produit cette prodigieuse quantité de sauterelles qui ont paru en Égypte et ont mangé ce que la grêle n'avait pas détruit ; et par le nom* Jehemes Amathia[33], *que Josué a appelé, qui a arrêté le soleil ; et par le nom* Alpha & Omega, *que Daniel a nommé, par lequel il a détruit Bel et tué le Dragon ; et par le nom* Emmanuel, *que les trois enfants Sidrach, Misach et Abdenago ont chantés dans la fournaise ardente et par lequel ils ont été délivrés ; et par* Agios, *et le Siège d'Adonay, et par* Otheos, Ischiros, Athanatos, Paracletus ; *et par ces trois Noms Secrets* Agla, On, Tetragrammaton, *je vous conjure et vous prends à témoin, et par tous ces Noms, et par tous les autres Noms de Notre-Seigneur Dieu Tout-Puissant, Vrai et Vivant.**

Vous, qui par votre péché avez été chassés des Cieux, jetés dans les Enfers, nous vous exorcisons et vous commandons fortement, par Celui qui ayant dit, tout a été fait, et à qui toutes les créatures obéissent ; et par les terribles jugement de Dieu, qui est à craindre ; et par

---

33   *Schèmes Amathia* dans l'*Heptameron.*

*la Mer qui est un élément sur lequel personne ne peut
compter de certain, transparente comme du verre, qui
est en présence de la Divine Majesté, prête à monter suivant le pouvoir que Dieu lui en donnera ; et les Quatre
Animaux*[34] *T, qui sont sur les degrés du Siège de la
Majesté Divine, qui ont des yeux devant et derrière ; et
par le Feu qui environne son Trône ; et par les Saints
Anges des Cieux* T, *et par ce qui est appelé l'Église de
Dieu, et par la Suprême Sagesse de Dieu Tout-Puissant.*

*Nous vous exorcisons fortement de nous apparaître
devant ce Cercle pour faire notre volonté en tout ce qu'il
nous plaira, par le siège de* **Balbachia** *et par le Nom*
Primeumaton, *que Moïse a nommé et qui a précipité
dans le profond des Abîmes Datan, Core et Abiron ; et
en vertu de ce nom* **Primeumaton,** *forcés par toute la
Milice Céleste, nous vous maudissons, vous privons de
tous offices et fonctions, et de tous les plaisirs que vous
pouvez avoir ; nous vous mettons et reléguons dans le
Feu Éternel et dans l'Étang de Feu et de Soufre, jusque
dans le profond des Abîmes, et jusqu'au dernier Jour du*

---

34   C'est le Chérub d'Ézéchiel, les quatre lettres du
tétragramme יהוה, les quatre figures hiéroglyphiques du
Sphinx : *savoir, oser, faire, se taire* ; l'Homme, le Lion, le Taureau et l'Aigle.

On retrouve aussi la référence dans l'Apocalypse 4:7 :
*Le premier être vivant est semblable à un lion, le second être vivant
est semblable à un veau, le troisième être vivant à la face d'un
homme, et le quatrième être vivant est semblable à un aigle qui vole.*

Jugement, si vous ne nous apparaissez sur-le-champ, devant ce Cercle, pour faire notre volonté en toutes choses.

Venez par les noms : Adonay, Zebaoth, Adonay, Amioram *; venez, venez,* Adonay Saday *vous le commande, ce Roi des Rois le plus puissant, le plus à craindre, dont aucune créature ne peut éluder les forces et la puissance.*

Si vous persistez dans votre extrême opiniâtreté, et si devant ce Cercle vous ne nous apparaissez sur-le-champ, affables, vous ne pouvez vous attendre qu'à une ruine lamentable et misérable, et à un feu qui ne pourra jamais être éteint.

*Venez donc, au Nom d'*Adonay Zebaoth, Adonay Amioram *; venez, venez, par* Adonay Saday, le Roi des Rois, El Aty, Titeip, Azia, Hyn, Jen, Minosel, Achadan, Vay, Vaa, Ey, Haa, Eye, Exe a, El, El, El, a Hy, Hau, Hau, Hau, Va, Va, Va, Va.

[Version en latin de l'Heptameron] [35]

Nos facti ad imaginem Dei, & ejus facti voluntate, per potentissimum & corroboratum nomen

---

35   Cette version ne figure pas dans le Manuscrit. Je l'ajoute comme complément à l'attention du lecteur.

Dei El, forte & admirabile vos exorcizamus (ici il nommera les Esprits qu'il voudra, de quels ordres qu'ils soient) & imperamus per eum qui dixit, & factum est, & per omnia nomina Dei, & per nomen Adonay, El Elohim, Elohe, Zebaoth, Elion, Escherie, Iah, Tetragrammaton, Saday, Dominus Deus, excelsus, exorcizamus vos, atque potenter imperamus, ut appareatis statim nobis hic juxta Circulum in pulchra forma, videlicet humana, & sine deformitate & tortuositate aliqua. Venite vos omnes tales, quia vobis imperamus, per nomen Y & V quod Adam audivit, & locutus est: & per nomen Dei Agla, quod Loth audivit, & factus salvus cum sua familia: & per nomen Joth, quod Jacob audivit ab Angelo secum luctantes, & liberatus est de manu fratris sui Esau: & per nomen Anephexeton, quot Aaron audivit, & loquens, & sapiens factus est: & per nomen Zebaoth, quod Moses nominavit, & omnia flumina & paludes de terra Ægypti, versæ fuerunt in sanguinem: & per nomen Eserchie Oriston, quod Moses nominavit, & omnes flu vis ebullierunt ranas, & ascenderunt in domos Ægyptiorum, omnia destruentes: & per nomen Elion, quod Moses nominavit, & fuit grando talis, qualis non fuit ab initio mundi: & per nomen Adonay, quod Moses nominavit, & fuerunt locusta, & apparuerunt super terram Ægyptiorum, & comederunt quæ residua erant grandint : & per nomen Jehemes Amathia, quod Joshua vocavit, & remoratus est Sol cursum : & per nomen Alpha & Omega, quod Daniel nominavit, & destruxit Beel, & Draconem interferit : & in nomine Emmanuel, quod tres pueri, Sidrach, Misach & Abednago, in camino ignis ardentis, cantaverunt, & liberati fuerunt : & per nomen Hagios, & sedem Adonay, & per Otheos, Ischiros, Athanatos, Paracletus ; & per hæc tria secreta nomina, Agla, On, Tetragrammaton, adjuro, contestor, & per hæc nomina, & per alia nomina Domini nostri Dei Omnipotentis, vivi & veri.

Vos qui vestra culpa de Coelis ejecti fuistis usque ad infernum locum, exorcizamus, & viriliter imperamus, per eum qui dixit, & factum est, cui omnes obediunt creaturæ, & per illud tremendum Dei judicium : & per mare omnibus incertum, vitreum, quod est amte conspectum divinæ majestatis gradiens, & potestiale : & per quatuor divina animalia T. antè sedem divinæ majesta is gradientia, & oculos antè & retrò habentia : & per ignem ante ejus thronum circumstantem : & per sanctos Angelos Cælorum, T. & per eam quæ Ecclesia Dei nominatur : & per summam sapientiam Omnipotentis

Dei viriliter exorcizamus, ut nobis hic ante Circulum appareatis, ut faciendam nostram voluntatem, in omnibus prout placuerit nobis : per sedem

Baldachiæ, & per hoc nomen Primeumaton, quod Moses nominavit, & in cavernis abyssi fuerunt profundati vel absorpti, Datan, Corah & Abiron : & in virtute istius nominis Primeumaton, tota Coeli militia compellente, maledicimus vos, privamus vos omni officio, loco & gaudio vestro, esque in profundum abyssi, & usque ad ultimum diem judicii vos ponimus, & relegamus in ignem æternum, & in stagnum ignis & sulphuris, nisi statim appareatis hic coram nobis, inte Circulum, ad faciendum voluntatem nostram.

In omnibus venite per hæc nomina, Adonay, Zebaoth, Adonay, Amioram. Venite, venite, imperat vobis Adonay Saday, Rex regum potentissimus & tremendissimus, cujus vires nulla subterfugere potest creatura vobis pertinacissimis futuris nisi obedieritis, & appareatis ante hunc Circulum, affabiles subito, tandem ruina flebilis miserabilisque, & ignis perpetuum inextinguibilis vos manet. Venite ergo in nomine Adonay Zebaoth, Adonay Amioram : venite, venite, per Adonay Saday, Rex regum, El Aty, Titeip, Azia, Hyn, Jen, Minosel, Achadan, Vay, Vaa, Ey, Haa, Eye, Exe a, El, El, El, a Hy, Hau, Hau, Hau, Va, Va, Va, Va.

Quand ils paraissent, il faut leur montrer le Pentacle de Salomon :

Voici votre sentence. Ne sois point réfractaire à nos volontés. Soyez les bienvenus, nobles Rois et Princes généreux, d'autant que je vous ai contraint par la vertu et puissance de Celui au Nom duquel tout genou se courbe et se fléchit ; qui possède tous les Royaumes, qui ne peut souffrir, qu'aucun résiste à sa puissance et vertu. Je vous contrains de demeurer fermes et stables ; de ne sortir d'ici jusqu'à ce que vous ayez accompli notre volonté de point en point. Je vous contrains derechef, par la vertu de Celui qui a mis des bornes à la mer, qu'elle n'a jamais outrepassée et qui, soumise à lui, n'a jamais osé les outrepasser. C'est la puissance de ce Très-Haut Dieu, Roi et Seigneur, qui a créé toutes choses. Amen.

[Pour les renvoyer on dira] [36]

Au nom du Père ✠ et du Fils ✠ et du Saint-Esprit ✠ Allez maintenant dans vos demeures, et que la paix

---

36   Dans le Ms., ce segment termine la Conjuration précédente. Je l'ai séparé puisqu'il est utilisé en guise de renvoi. Il semblait contradictoire de le laisser tel quel à la précédente qui, sinon, défend à la fois aux Esprits *de sortir,* tout en leur commandant de *s'en aller dans leurs demeures.*

soit entre nous et vous. Voici votre sentence (montrant le Pentacle de Salomon). Soyez prêts de retourner toute fois et quantes l'on vous appellera.

Le Pentacle de Salomon.

Ce Pentacle se fait sur du parchemin vierge de bouquin. Il faut le consacrer avec l'hostie. C'est la sentence et la condamnation des Esprits dont il faut se servir quand ils sont rebelles et ne veulent pas parler et dire la vérité, sans aucun mensonge. Il sert aussi pour les renvoyer. Il faut leur montrer en prononçant ces mots : *Voici votre sentence &c.* [37]

---

37   C'est une pratique courante en Magie Solomonique de faire usage du Pentacle pour contraindre les Esprits, comme le démontre ce passage de l'*Heptameron* :

…Alors ils viendront sur-le-champ sous leurs propres formes, et quand vous les verrez près du Cercle, montrez-leur le Pentacle couvert d'un Saint Suaire, découvrez-le pour lors, et dites : Voilà votre dernier terme ; ne soyez pas désobéissants. Aussitôt, vous les verrez sous une forme pacifique, et ils diront : Demande ce que tu veux, nous sommes prêts d'obéir à tes commandements, parce que le Seigneur nous y a soumis…

Pentacle de Salomon.

CERCLES ET CONJURATIONS POUR
CHAQUE JOUR DE LA SEMAINE À DIVERS ESPRITS.

POUR LE LUNDI À LUCIFER. [38]

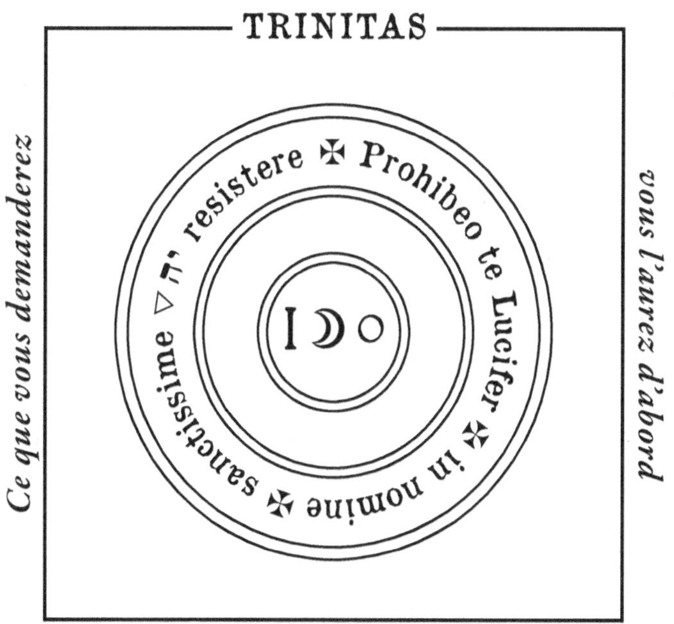

Cette Expérience se fait la nuit, depuis 11 heures jusqu'à douze et depuis 3 jusqu'à 4. Il

---

38   En se basant sur les autre Cercles magiques, il serait probablement indiqué de mettre le nom de *Lucifer* au lieu de *Trinitas* (qui signifie Trinité) au haut du Cercle.

faut du charbon de saule béni ou de la craie pour le faire et en écrire les mots qui sont autour [du Cercle]. Il faut avoir une souris pour lui donner. Le maître doit avoir une étole et de l'eau bénite pour commencer les Conjurations, allègrement, âprement, comme dois faire le maître à son serviteur, avec toutes sortes de menaces. Et devant que de commencer, il faut faire le Cercle et l'encenser, comme aussi les autres, suivant que l'on voudra faire.

Conjuration.

Je te conjure, Lucifer, *par le Dieu Vivant* ✠ *par le Dieu Vrai* ✠ *par le Dieu Saint* ✠ *et par le Dieu qui a dit, et toutes choses ont été créés. Je te conjure par les Noms ineffables de Dieu :* Alpha & Omega, El, Eloy, Elion, Ya, Saday, Lux, Omogie, Rex, Salus, ô Adonay, Emmanuel, Messias. *Je t'adjure, et exorcise, et conjure, par les Noms ci-dessus déclarés, par les lettres* Y. V. E. L. [39] *et par les Noms* Geary, Iol, Iel, Agla, Eizaseris, Oriston, Arphetice, Iphaton, Gesmon, Yegeron, Isilion, Agiron, Igia, Speraton, Smagon, Anol, Genaton, Sothée, Tetragrammaton,

---

39   Possiblement une variation des quatre lettres du tétragramme יהוה.

Peurmaton, Tionem, Pengaron, Yraras, Yaras, Ton, Lolaton, On, Chiros, Iron, Voy, Pheron, Simulaton, Pentarinum, Masone, *et par les Noms ineffables de Dieu :* Gabin, Gauldanum, Ingodon, *obéis* Englabas, *que tu aies à venir ou que tu m'envoies N., en belle forme humaine, sans aucun accident ni laideur, pour répondre à la réelle vérité de tout ce que je lui demanderai, sans avoir pouvoir de me nuire tant au corps qu'à l'âme.*

Pour le Mardi à Nambrot.

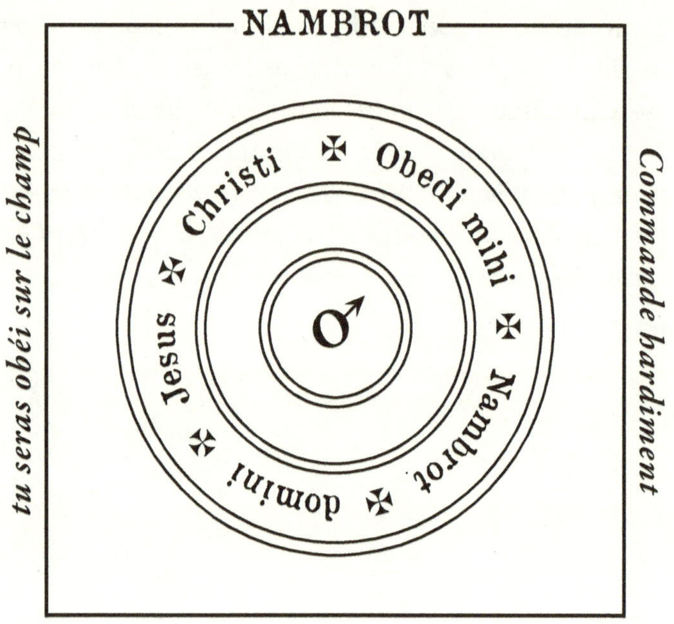

Cette Expérience se fait depuis neuf heures jusqu'à dix. On lui donnera la première pierre que l'on trouvera ; c'est pour être élevé en honneur et dignité. L'on doit y procéder de la même façon qu'au Lundi, à la réserve de ce qui est marqué ici.

Conjuration.

Je te conjure, Nambrot, *et te commande, par tous les Noms par lesquels tu peux être contraint et lié, et par le Pentacle de Salomon, et par les Conjurations Chaldaïques et Célestes pour la confusion et malédiction ; et pour te faire redoubler et augmenter tes peines et tes tourments de jour en jour et à jamais, si tu ne viens tout maintenant pour accomplir ma volonté et être soumis à tout ce que je te commanderai.*

Pour le Mercredi à Astarot.

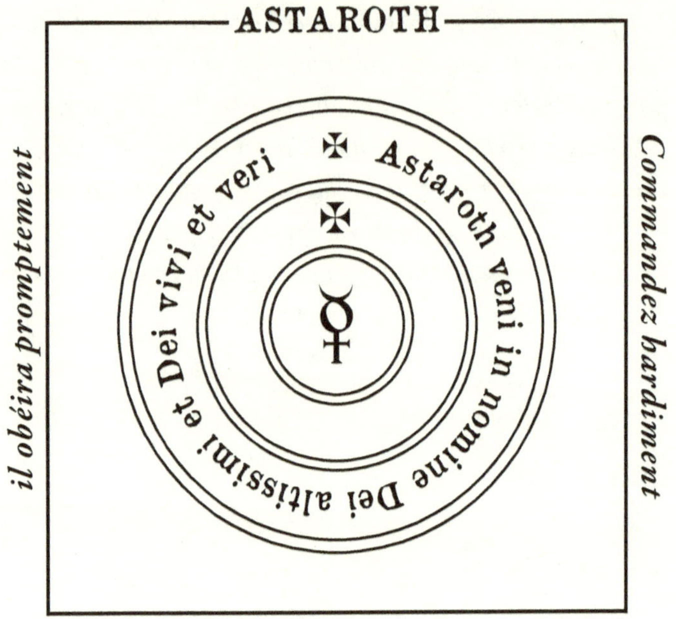

Cette Expérience se fait depuis 10 heures jusqu'à 11. C'est pour avoir la bonne grâce des Rois et des Princes. Il faut lui donner une pile d'or. [40] Il paraît en forme de Roi.

---

40   Cette offrande d'or n'est pas mentionnée dans les autres versions du Grimoire d'Honorius.

Conjuration.

Je te conjure ASTAROT, *méchant Esprit, par les paroles et par le Dieu Tout-Puissant, et par Jésus-Christ de Nazareth auquel tous les éléments sont soumis; qui a été conçu de la Vierge Marie, par le ministère de l'Archange Gabriel. Je t'exorcise derechef, au nom du Père ✠ et du Fils ✠ et du Saint-Esprit ✠ au nom de la glorieuse Trinité, en l'honneur duquel tous les Archanges, les Trônes, les Dominations, les Puissances, les Patriarches, les Prophètes, les Apôtres, les Évangélistes chantent sans cesse: Saint, Saint, Saint, Seigneur Dieu des Armées, qui a été, qui est, et qui viendra comme une flamme de feu ardent. Je te conjure donc,* ASTAROT, *que tu ne négliges pas à faire mes commandements et que [tu] ne refuses pas de venir. Je te le commande, par Celui qui viendra tout en feu juger les Vivants et les Morts, auquel est dû tout honneur, louange, et gloire. Viens, dis-je, rendre hommage au Dieu Vrai, au Dieu Vivant et à tous ses ouvrages. Ne manque pas de m'obéir et rendre honneur au Saint-Esprit; c'est en son nom que je te commande.*

Pour le Jeudi à Acham.

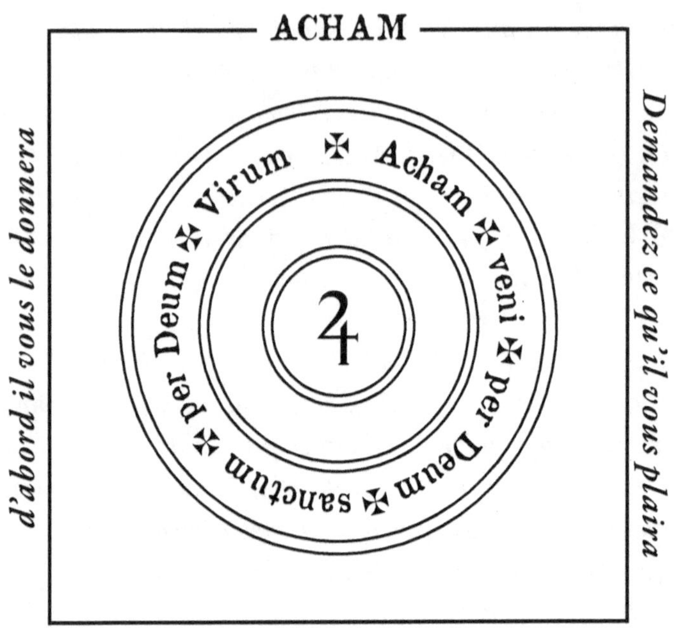

Cette Expérience se fait de nuit, depuis 3 heures jusqu'à quatre du matin. Il paraît en forme de Roi. Il faut lui donner un peu de pain afin qu'il parle. Il rend l'homme heureux, surtout pour [aider à découvrir] les Trésors.

Conjuration.

Je te conjure, Acham, *par l'image et semblance de Notre-Seigneur Jésus-Christ qui, par sa Mort et Passion, a racheté tout le genre humain. Je veux, par sa providence, que tu sois ici tout maintenant. Je te commande par le Royaume de Dieu ✠ Agis ✠ Je t'adjure et contrains par son Nom, et par le Nom de Celui qui a marché dessus l'aspic et le basilic, et qui écrasa le Lion et le Dragon, que tu aies à m'obéir et faire mes commandements.*

Pour le Vendredi à Bechet.

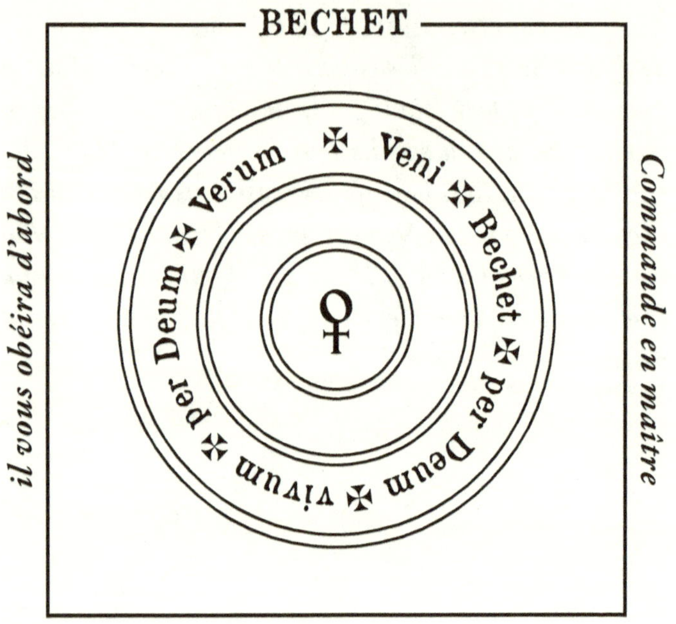

Cette Expérience se fait de nuit, depuis 11 heures jusqu'à 12 du matin. Il paraît en forme de Roi.[41] Il faut lui donner une noix.

---

41   Cette description physique n'apparaît ni dans le Ms. 4666 ni dans l'édition de Rome 1760.

Conjuration.

Je te conjure, BECHET, *et te contrains de venir à moi. Je te conjure derechef, par les Très-Saints Noms de Dieu :* Eloy ✠ Asinay ✠ Eloy ✠ Agla ✠ Lamasabathani[42], *qui sont écrits en Hébreu, en Grec, et en Latin, et par tous les sacrements, et par tous les Noms écrits dans ce Livre, et par Celui qui t'a chassé du haut du Ciel. Je te conjure et te commande, par la vertu de la Sainte Eucharistie de Jésus-Christ, qui a racheté les hommes de leurs péchés, que sans délai tu viennes à moi, sans lésions de mon corps ni de mon âme, sans faire tort à mon Livre ni à tout ce dont je me sers ici contre toi, et que tu accomplisses tous mes commandements.*

---

42   Ms. 4666 & Rome 1760 : *Eloy* ✠ *Adonay* ✠ *Eloy* ✠ *Agla* ✠ *Samalabactani.*

Pour le Samedi à Nabam. [43]

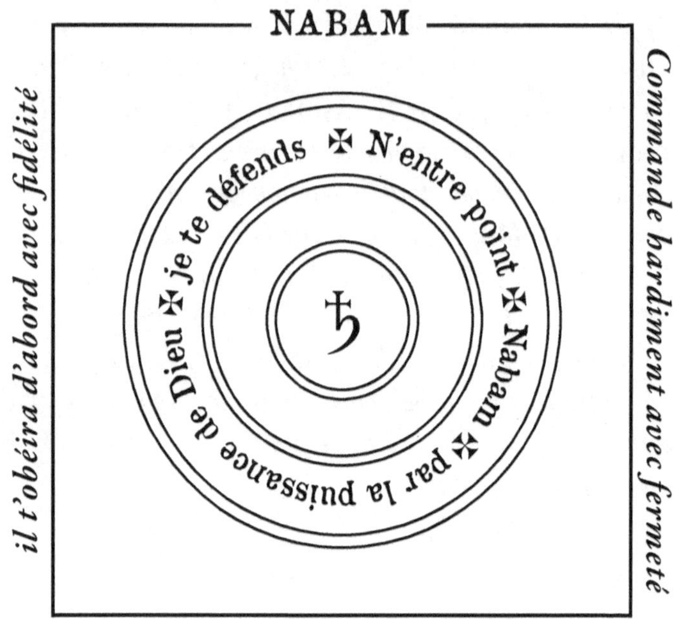

Cette Expérience se fait de nuit, depuis 11 heures jusqu'à 12. Incontinent qu'il paraît, il faut lui donner du pain brûlé, et lui demander ce que vous voudrez.

---

43   Le Ms. 2494 indique *Nambrot*, tant dans le titre que dans la figure du Cercle (voir l'appendice 2). C'est visiblement une erreur du copiste puisqu'il s'agit de l'Esprit du Mardi. Le nom est corrigé ensuite dans la Conjuration.

Conjuration.

Je te conjure, NABAM, *au nom de* SATAN, *et de* BELZÉBUTH, *et au nom d'*ASTAROTH *et de tous les autres Esprits, que tu aies à venir vers moi. Viens donc à moi, maintenant, puisque je te commande de venir au nom de la Très-Sainte Trinité, au nom de laquelle je veux que tu viennes sans délai et sans lésion, tant de mon corps que de mon âme, sans me faire tort de mes Livres, ni dans aucune des choses dont je me sers. Derechef, je te commande de venir sans délai, ou que tu aies à m'envoyer un autre Esprit qui ait la même puissance que toi, qui accomplisse tous mes commandements et qui soit soumis à mes volontés. Et que celui que tu m'enverras, si tu ne viens pas toi-même, ne s'en aille point du tout sans mon congé, et [tant] qu'il n'ait accompli tout ce que je lui aurai demandé.*

Pour le Dimanche à Acquiot. [44]

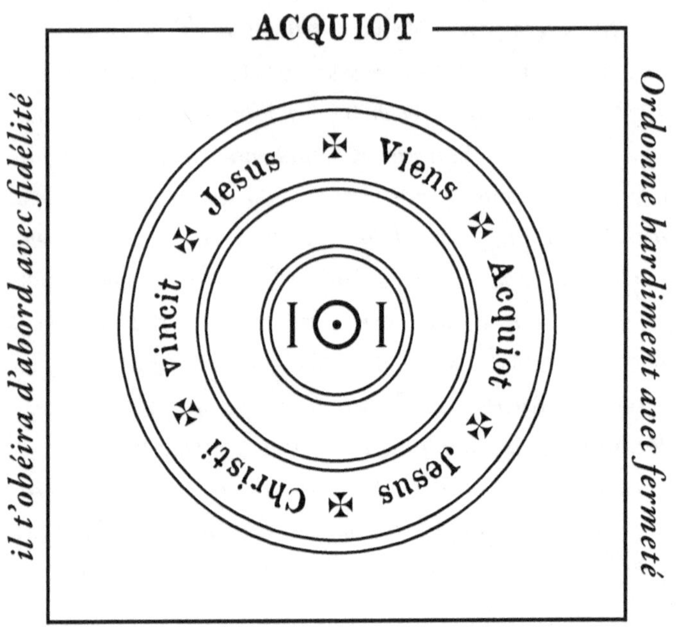

Cette Expérience se fait la nuit, depuis 12 heures jusqu'à 1. [45] Paraissant, il demande un poil de votre tête. Il faut lui en donner un autre, comme d'un renard, et il sera obligé de le prendre. C'est pour savoir [où se trouvent] les Trésors et pour [découvrir] autre chose que l'on voudra de lui.

---

44   *Aquiel* dans le Ms. 4666 et Rome 1760.

45   Rome 1760 : *depuis onze heures jusqu'à une.*

Conjuration.

Je te conjure, ACQUIOT, *par tous les Noms susdits [dans ce Livre] que sans délai et promptement, tu sois ici, tout prêt pour m'entendre ou que tu m'envoies un autre Esprit qui m'apporte une pierre par laquelle je ne sois vu de personne lorsque je la porterai. Je te conjure derechef, que tu te tiennes soumis à tout ce que je te commanderai, sans aucune lésion de mon corps ni de mon âme, ni à qui que ce soit. Viens donc, et m'obéis, afin que tu saches d'abord les conditions auxquelles je veux traiter avec toi, ou m'envoies un autre qui fasse ma volonté, de point en point, et surtout me fasse trouver un trésor dont je jouisse paisiblement.*

Pour tous les jours et à toute heure.

Cette Conjuration se fait tous les jours, à toute heure, tant de nuit que de jour.

Conjuration très forte pour les trésors cachés, tant par les hommes que par les Esprits, pour les trouver et se les faire apporter.

FIGURE DU CERCLE.

Conjuration.

Je vous conjure, Démons, qui demeurez en ce lieu ou en quelque partie du monde que vous soyez, et que quelque puissance qui vous ait été donnée de Dieu et de les Saints Anges dans la principauté des Abîmes ; je vous conjure tous, tant en général qu'en particulier, par la puissance de Dieu le Père ✠ *par la sagesse du Fils* ✠ *et par la vertu du Saint-Esprit* ✠ *et par l'autorité qui m'est donnée de Notre-Seigneur Jésus-Christ, crucifié Fils de Dieu Tout-Puissant, Créateur du Ciel et de la Terre, qui nous a créés vous et moi de rien, aussi bien que toutes les créatures, et qui, par sa Passion, a fait que vous n'avez plus la puissance d'habiter en ce lieu ni de retenir les Trésors. Je vous conjure, contrains et commande, que bon gré ou mal gré, sans nulle tromperie, vous me déclariez où sont les Trésors que vous avez emportés. Et par la même autorité, et par le mérite de la Très-Sainte et Heureuse Vierge Marie, et par celui de tous les Saints, je vous chasse tous, maudits Esprits, et vous envoie dans le Feu Éternel qui vous est préparé. Si vous m'êtes rebelles et désobéissants, je commande[rai] puissamment aux Diables qu'ils vous tourmentent. Et, enfin, par les Saints Noms de Dieu,* Hee ✠ Lahie ✠ Loyon ✠ Hela ✠ Sebaoth ✠ Cheboin ✠ Lodicha ✠ Adonay ✠ Jehova ✠ Ysa ✠ Tetragrammaton ✠ Saday ✠ Messias ✠ Agios ✠ Ischiros ✠ Otheos

✠ Athanatos ✠ Sother ✠ Emmanuel ✠ Agla ✠ Jesus ✠ *qui est Alpha* ✠ *& Omega* ✠ *le commencement et la fin, qu'ils vous tourmentent extraordinairement et vous traînent au plus profond et plus bas lieu du monde où il y a des peines insupportables, justement établies, afin de vous punir de votre désobéissance à mes volontés. Enfin, je prie Michel l'Ange de vous envoyer au plus profond du Gouffre Infernal. Au nom du Père* ✠ *et du Fils* ✠ *et du Saint-Esprit* ✠ *Amen.*

Autre Conjuration.

Je vous conjure tous, Démons, de vous retirer d'ici à mes paroles et par toutes les choses que j'ai dites ci-dessus, et vous défends de me donner aucune crainte ni frayeur, terreur ni épouvante, de ne faire aucun empêchement à aucune créature de Dieu, présente ou demeurant ici. Je vous conjure, derechef, de vous retirer sans avoir égard aux chaînes qui vous retiennent en ce lieu et si quelques Esprits vous arrêtent, que la malédiction de Dieu Père ✠ *Fils* ✠ *et Saint-Esprit* ✠ *et que l'ire et l'indignation de la Très-Sainte et indivisible Trinité, et de tous les Anges et de toute la Cour Céleste tombe et descende sur vous, qui êtes rebelles à Dieu. Qu'aucun donc de ses Esprits ne se trouvent plus ici, par le Fils de Dieu Tout-Puissant, immense Jésus-Christ Très-Haut, qui règne à jamais et siècles des siècles. Amen.*

Disposition du Maître.

Il faut que le Maître qui a dessein de se servir de se Livre ait une ferme foi de réussir. Qu'il bannisse de lui toute incrédulité, qu'il fasse les Conjurations avec une forte résolution, tellement que, quoi qu'il voit capable de lui donner de la frayeur, qu'il n'en prenne pas pour cela aucune épouvante.

Qu'il se garde surtout de sortir de son Cercle, soit que les Esprits ne lui soient point apparu, sans auparavant les avoir congédiés, parce qu'il y a du péril.[46]

Et s'il désire être sage magicien, qu'il se donne de garde de la surprise des Esprits et de faire aucun pacte illicite avec eux. Et, finalement, l'on doit toujours commander hardiment et absolument. sans aucune crainte ni appréhension.

---

46   Cette dernière remarque est d'une importance capitale en Magie Évocatoire. Car même si les Esprits ne sont pas visibles aux yeux du magicien, cela ne signifie pas pour autant qu'ils ne sont pas présents, dans l'astral, ayant quand même répondu à l'évocation. D'où l'importance de toujours effectuer les Renvois et Bannissements appropriés à chaque fois, sans exception, comme l'enseigne sagement la Magie Cérémonielle.

PENTACLES POUR LES TRÉSORS. [47]

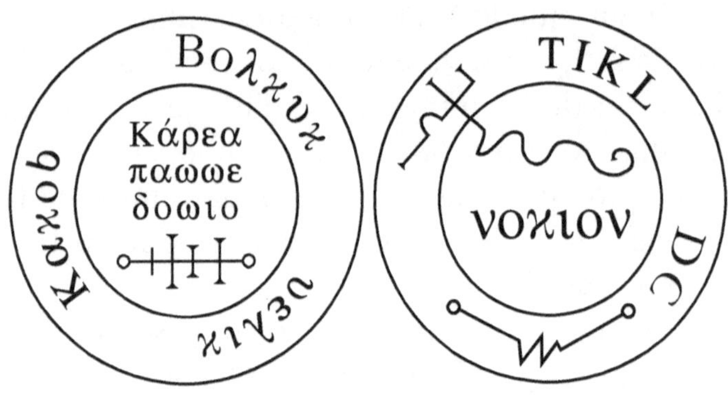

FIN.

---

47   Ces deux Pentacles s'avèrent être une version modifiée du *Second Sceau du Taureau* de l'*Ars Paulina* (Lemegeton Livre III). On retrouve également le même Sceau dans le *Second Traité des Médecines Célestes* de l'*Archidoxe Magique* de Paracelse. Ce dernier lui attribue cependant des propriétés bien différentes :

Par sa nature et sa propriété, ce sceau est un remède efficace pour ceux qui se sont vu enlever la virilité. Suspendu de manière à toucher le nombril et à faire toucher le corps et la peau au signe du Taureau, il est d'une aide assurée tant aux hommes qu'aux femmes.

Appendice 2 — *Arsenal Ms. 2494*

Cercles, Sceaux & Caractères

michael
Agla
Raphael
Iah
EL
harrel
theos
gabriel
in + hoc + signo + vincus

page 71.

Pentacle De Salomon
Emanuel
Messial
Elohim
Arpheton
Tetragrammaton
Jehova
Jessemon
evigion
Anasbona
Adonay
Agla
Ietah
A G
L A
LXpus

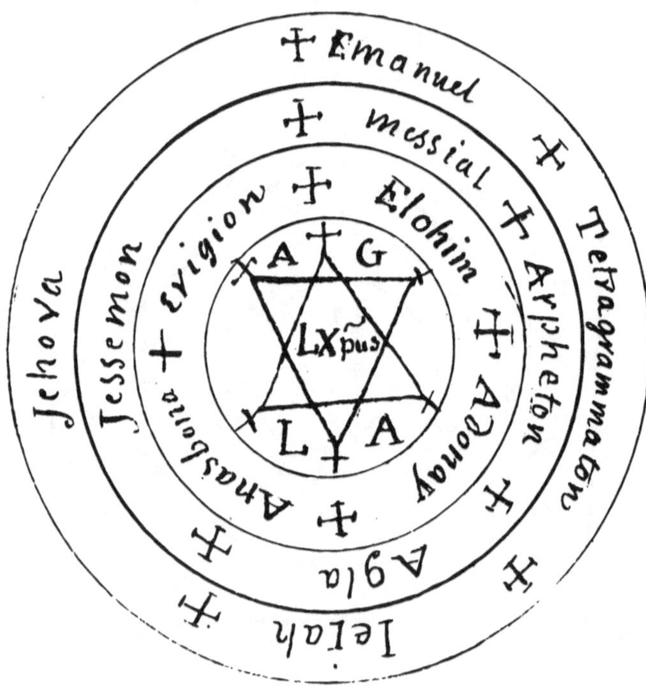

page 86.

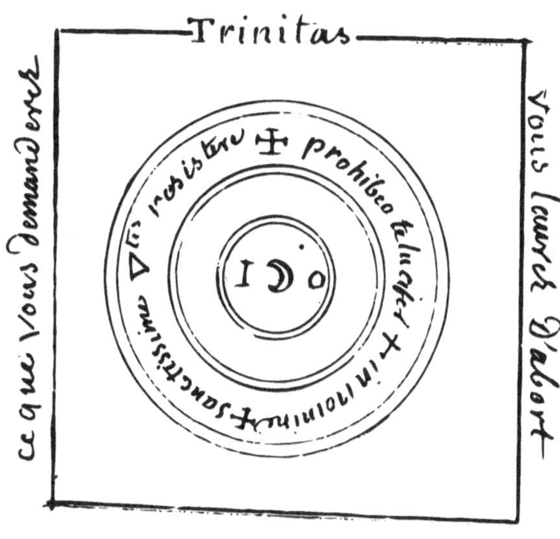

page 87.

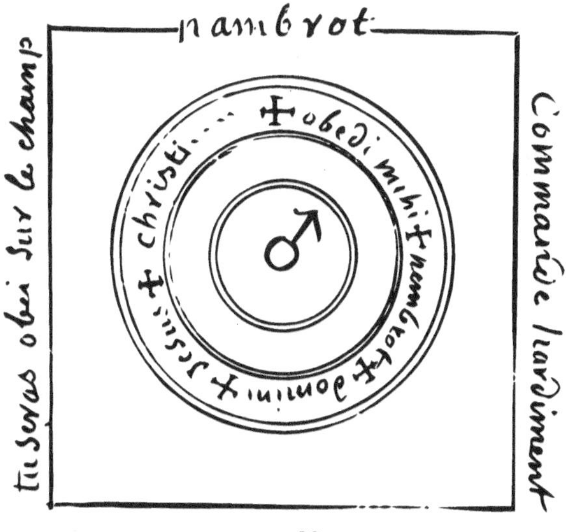

page 90.

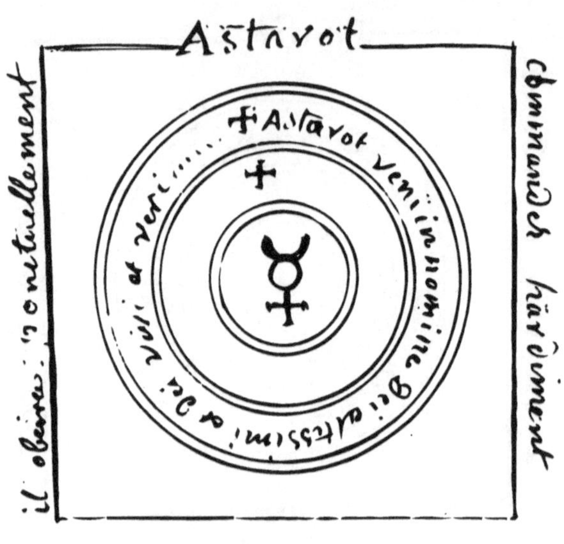

page 92.

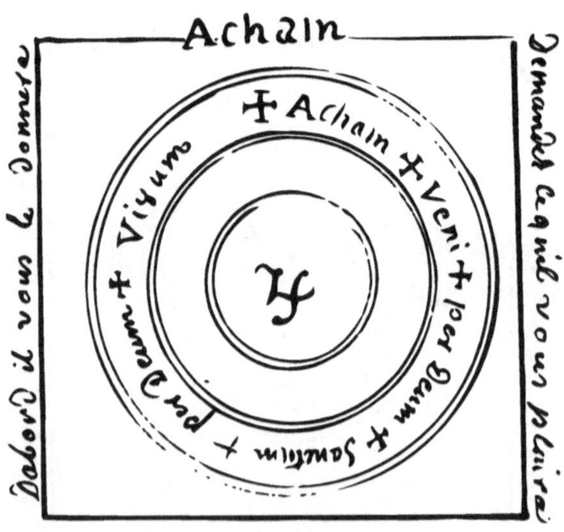

page 94.

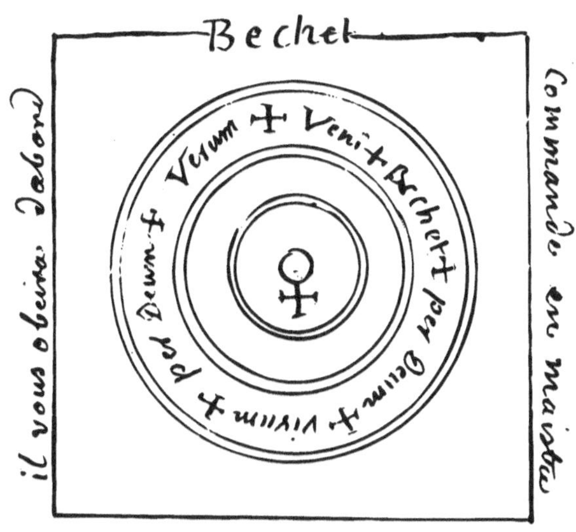

page 96.

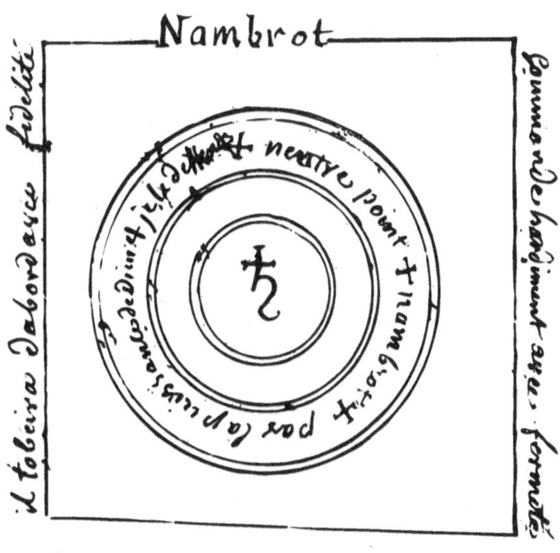

page 98.

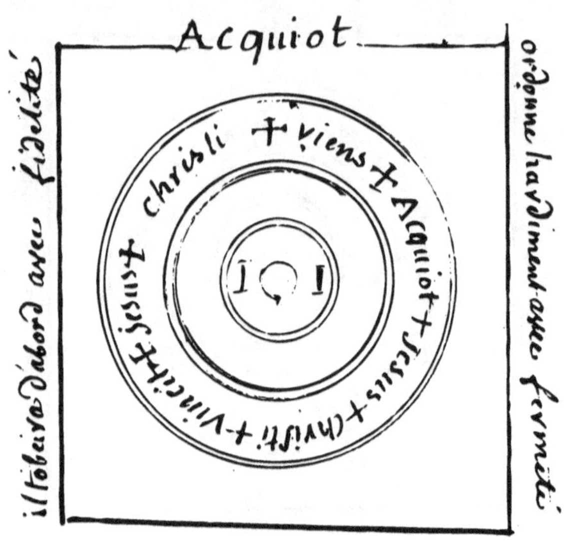

page 100.

Cercle

page 102.

page 106.

British Museum – Rome 1760

GRIMOIRE

DU
PAPE HONORIUS,

AVEC UN RECUEIL

DES PLUS RARES SECRETS.

A ROME (1760).

GARDE POUR LES MOUTONS,
Expliquée à la page 106.

Fig. 2.

Coq noir indiqué page 8.

Fig. 3.

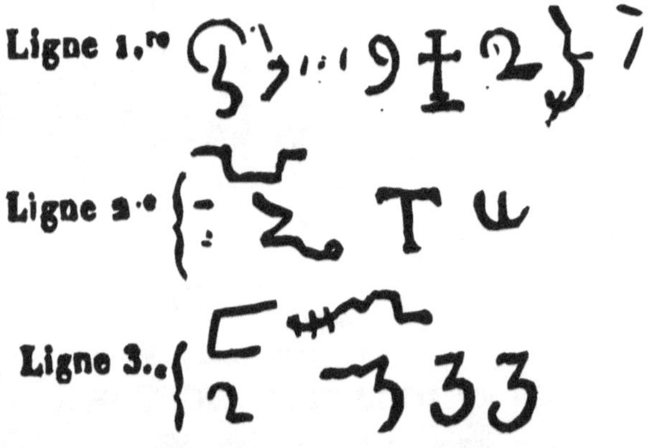

Ligne 1.re

Ligne 2.e

Ligne 3..e

Fig. 4.

Fig. 5.

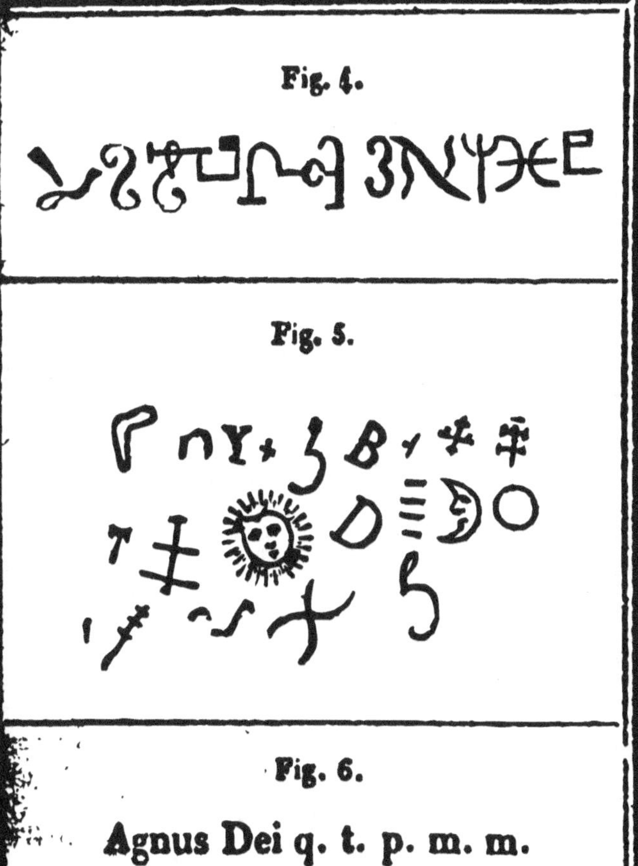

Fig. 6.

Agnus Dei q. t. p. m. m.

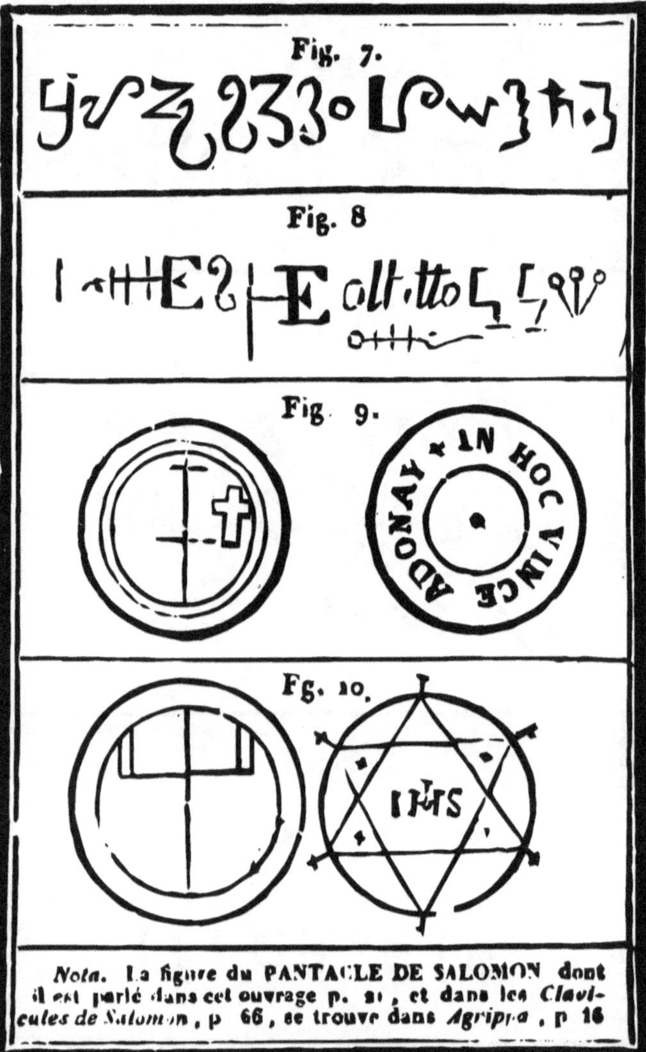

Nota. La figure du PANTACLE DE SALOMON dont il est parlé dans cet ouvrage p. 21, et dans les Clavicules de Salomon, p 66, se trouve dans *Agrippa*, p 16

Fig. 11.
AU NOM DE LA T. S. T. D'ENTRER DANS CE CERCLE. + JE TE DÉFENDS LUCIFER,
Fig. 12.
OBÉIS-MOI PRIMOST, OBÉIS-MOI PRIMOST, OBÉIS-MOI PRIMOST, OBÉIS-MOI PRIMOST,

Fig. 13.
VIENS ASTAROTH, VIENS ASTAROTH, VIENS ASTAROTH
Fig. 14.
PAR LE DIEU SAINT, PAR LE DIEU SAINT, PAR LE DIEU SAINT

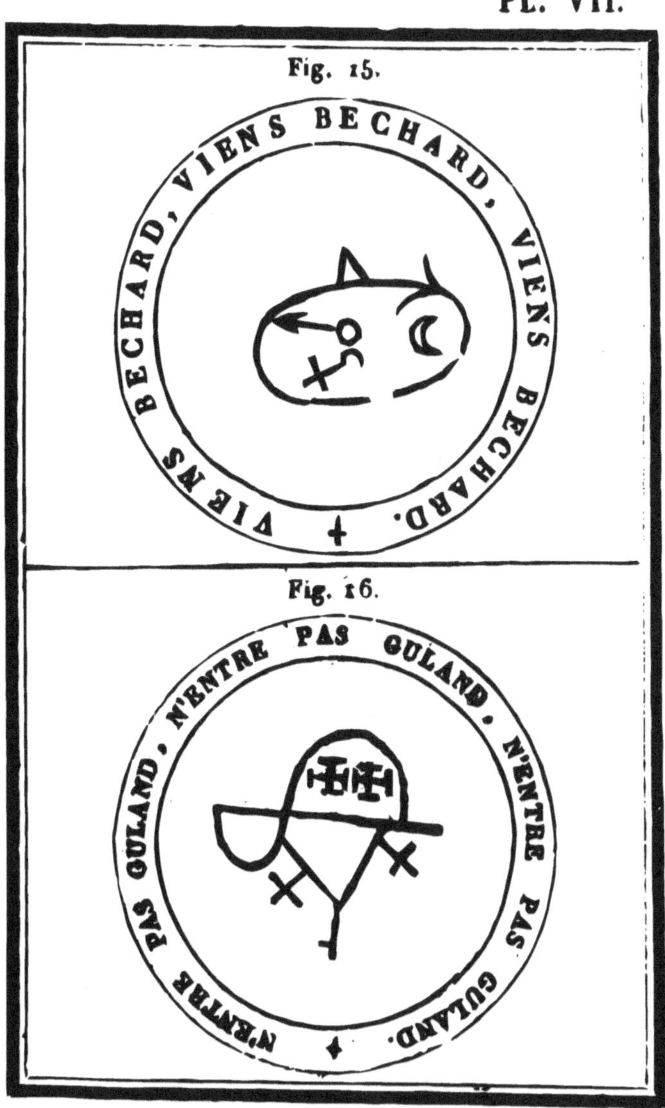

Fig. 15.
VIENS BECHARD, VIENS BECHARD, VIENS BECHARD, VIENS BECHARD,
Fig. 16.
N'ENTRE PAS GULAND, N'ENTRE PAS GULAND, N'ENTRE PAS GULAND, N'ENTRE PAS GULAND,

Fig. 17.

TETRAGRAMMATON. 3. ISMAEL. ADONAY. VIENS SURGAT. VIENS SURGAT. VIENS SURGAT. ILMA. VIENS SURGAT.

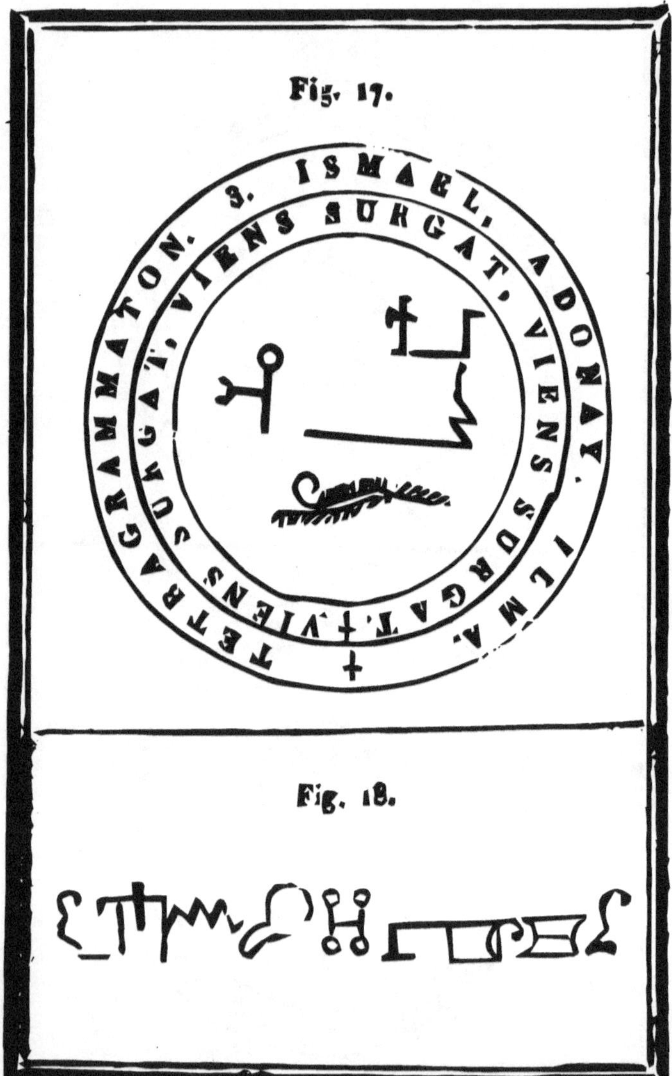

Fig. 18.

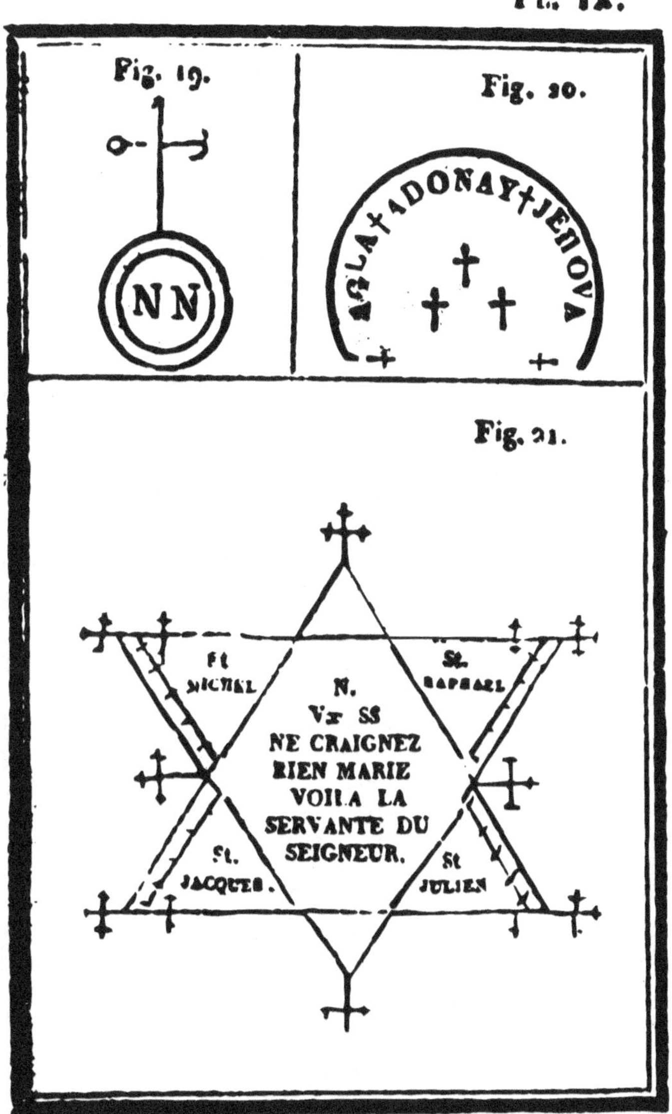
Fig. 19.
NN
Fig. 20.
AGLA † ADONAY † JEHOVA
Fig. 21.
St. MICHEL
St. RAPHAEL
N.
Vt SS
NE CRAIGNEZ
RIEN MARIE
VOILA LA
SERVANTE DU
SEIGNEUR.
St. JACQUES.
St JULIEN

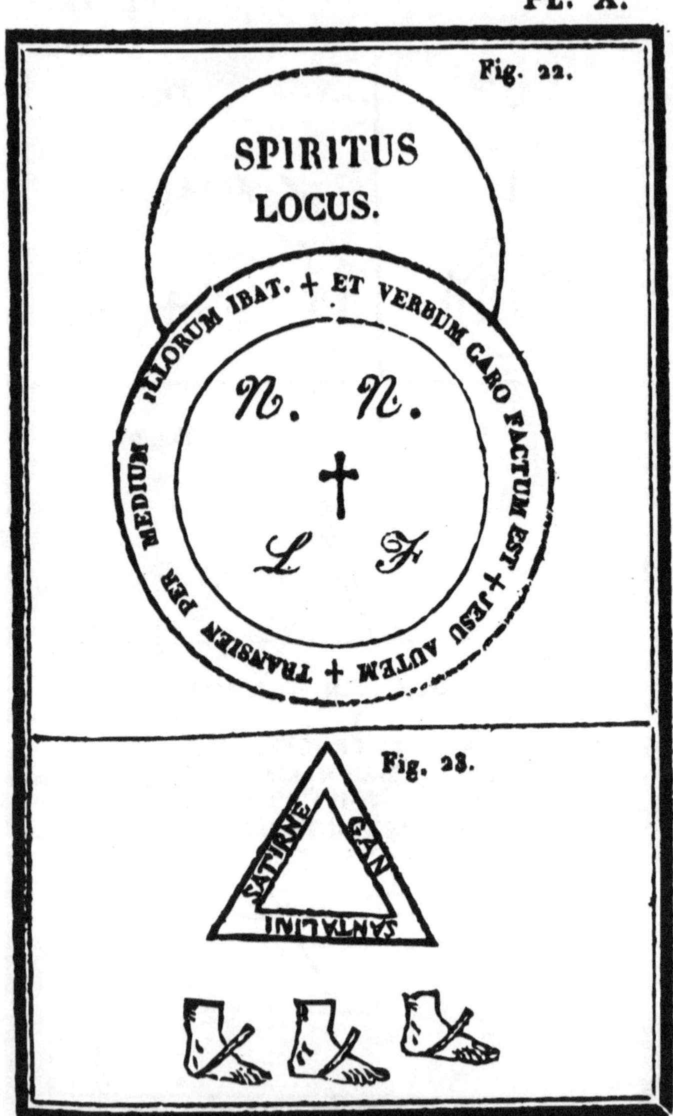

Fig. 22.
SPIRITUS LOCUS.
ILIORUM IBAT. + ET VERBUM CARO FACTUM EST + JESU AUTEM + TRANSIEN PER MEDIUM
N. N.
L F
Fig. 23.
SATURNE
GAN
SANTALINI

Fig. 24.

SAINTE GENEVIEVE,
PROTECTRICE DES TROUPEAUX.

GRIMOIRE

DU

PAPE HONORIUS

AVEC UN RECUEIL DES PLUS RARES SECRETS.

CONSTITUTIONS DU PAPE HONORIUS LE GRAND, OÙ SE TROUVENT

Les Conjurations Secrètes qu'il faut faire contre les Esprits des Ténèbres.

Le St. Siège apostolique, à qui les clefs du royaume des Cieux ont été données par ces paroles de J.-C. à St Pierre : *Je te donne les clefs du royaume des cieux* ; à toi seul puissance de commander au prince des ténèbres et à ses anges, qui comme les serviteurs de leur maître, lui doivent honneur, gloire et obéissance, par les autres paroles de J.-C. *Tu serviras à ton seul Seigneur* ; par la puissance des clefs, le chef de l'église a été fait Seigneur des enfers.

Comme jusqu'à ce jour les souverains pontifes ont eu seuls la puissance d'appeler les Esprits et de leur commander, la sainteté d'Honorius III, par la sollicitude pastorale, a bien voulu communiquer la manière et le pouvoir d'appeler et commander aux Esprits, à ses vénérables frères en J.-C., ajoutant les conjurations qu'il faut faire en pareil cas, le tout contenu dans la bulle suivante :

HONORIUS

Serviteur des serviteurs de Dieu : A tous et chacun nos vénérables frères de la sainte Église romaine, les cardinaux, archevêques, évêques, abbés ; à tous, etc. chacun nos fils en J.-C. les prêtres, diacres, sous-diacres, acolytes, exorcistes, lecteurs, portiers, clercs, tant séculiers que réguliers, salut et bénédiction apostolique. Dans le temps que le fils de Dieu, sauveur du monde, engendré avant le temps, et né selon son humanité de la race semence de David, vivait sur la terre, dont le très-saint nom est Jésus, devant lequel les cieux, la terre et l'enfer doivent fléchir les genoux, on a vu avec quelle puissance il a commandé aux démons, laquelle puissance a été transmise à S.t Pierre; il a dit: sur cette pierre je bâtirai mon église, et les portes de l'enfer ne prévaudront point contre elle. Ces paroles furent adressées à S.t Pierre, comme le chef et le fondement de l'église.

Nous donc, qui par la miséricorde de Dieu, sommes parvenus, malgré notre peu de mérite, au souverain apostolat, et qui, comme légitime successeur de S.t Pierre, avons en main les clefs du royaume des cieux, voulant communiquer le pouvoir d'appeler et commander aux Esprits, qui nous était réservé à nous seuls, et dont nos prédécesseurs avaient seuls joui, voulant, dis-je, en faire part, par inspiration divine, à nos vénérables frères et chers fils en J.-C., de peur que dans l'exorcisme des possédés, ils ne soient épouvantés par d'horribles figures de ces anges rebelles, que le péché a précipité dans l'abîme et qu'ils ne soient même pas suffisamment instruits de ce qu'il faut faire et observer, et qu'ainsi ceux qui ont été rachetés par le sang de J.-C., ne puissent être affligés d'aucuns maléfices, et possédés par le démon, nous avons inséré, dans cette bulle, la manière de les appeler, qu'il faut observer inviolablement ; et parce qu'il convient que les ministres des autels aient autorité sur les Esprits rebelles, nous leur accordons toutes lettres que nous avons, en vertu du saint siège apostolique, sur lequel nous sommes monté, et nous leur ordonnons, par notre autorité apostolique, d'observer inviolablement ce qui suit, de peur que par une négligence indigne de leur caractère, ils ne s'attirent colère la du Tout-Puissant.

Il faut que celui dessus nommé, qui voudra appeler les Esprits malins et des ténèbres, passe trois jours en jeûne, se confesse et approche de la sainte table. Après ces trois jours, il récitera le lendemain, au lever du soleil, les sept psaumes graduels, avec les litanies, et les oraisons, le tout à genoux, et qu'il ne boive point de vin ce jour-là et ne mange de viande. Il se lèvera à minuit le premier lundi du mois, et un prêtre dira une messe du Saint-Esprit ; après la consécration de l'hostie, la prenant dans sa main gauche, il dira à genoux l'oraison suivante.

Oraison.

Mon Seigneur Jésus-Christ, fils du Dieu vivant, qui pour le salut de tous les hommes, avez souffert le supplice de la Croix, et qui avant que d'être livré à vos ennemis, par un trait de votre amour ineffable, avez institué le sacrement de votre corps, et qui nous avez accordé la puissance, à nous misérables créatures, d'en faire tous les jours la commémoration ; accordez à votre serviteur indigne, qui tient entre ses mains votre corps vivant, la force et le pouvoir de se servir utilement du pouvoir qui lui a été confié contre la troupe des Esprits rebelles. C'est vous qui êtes leur véritable Seigneur ; s'ils tremblent en entendant votre saint nom, je l'invoquerai ce saint nom, en disant J.-C. Jésus soit mon aide présent et à jamais. Ainsi soit-il.

Après le lever du soleil, on tuera un coq noir, et on prendra la première plume de l'aile gauche, qu'on gardera pour s'en servir dans son temps. On lui arrachera les yeux, la langue et le cœur, qu'on fera sécher au soleil, et qu'on réduira ensuite en poudre. Au soleil couchant, on enterrera le reste du coq dans un lieu secret, et on plantera sur la fosse une croix de la hauteur d'une palme, et on fera avec le pouce, aux quatre coins, les signes marqués à la ligne première de la figure 3, planche II.

Il ne boira non plus de vin ce jour-là; il s'abstiendra aussi de manger de la viande.

Le mardi, à l'aube du jour, il dira une messe des anges, et il mettra sur l'autel la plume du coq, laquelle sera taillée avec un canif neuf, et on écrira sur du papier blanc et net, avec le sang de J.-C. (du vin consacré), les figures représentées en la même figure, ligne deuxième.

Il écrira cela sur l'autel; et à la fin de la messe, il pliera ce papier dans un voile neuf de soie violette, et le cachettera le lendemain avec l'oblation de la messe et une partie de l'hostie consacrée.

La veille du jeudi, il se lèvera à minuit, et ayant jeté de l'eau bénite dans la chambre, il allumera un cierge de cire jaune, qu'il aura préparé le mercredi, lequel sera percé en forme de croix; et après qu'il sera allumé, il dira le Psaume 77: *Attendite, populo meus, legem meam* etc., sans dire *Gloria Patri*.

Il commencera l'office des morts, par *Venite, exultemus Domino*, etc..

Il dira matines et laudes; et à la place du verset de la neuvième leçon, il dira:

Libera me, Domine, de timore inferni; nequeant

*dæmones perdere animam meam, quando illos ab inferis
suscitabo, dum illos velle meum imperabo.*

C'est-à-dire, délivrez-nous, Seigneur, de la
crainte de l'enfer; que les démons n'inspirent
point la terreur à mon âme, lorsque je les oblige-
rai à sortir de l'Enfer, et que je leur commanderai
d'accomplir ma volonté.

*Dies illa sit clara, sol luceat et luna, quando illos
suscitabo.*

C'est-à-dire, que le jour soit beau et que le soleil et la lune luisent lorsque je les appellerai.

*Tremendus illorum aspectus horribilis et difformis.
Redde formam angelicam, dum illis velle meum imperabo.*

C'est-à-dire, leur vue est horrible et effroy-
able; rendez-leur leur forme angélique, lorsque
je leur ordonnerai de faire ma volonté.

*Libera me, Domine, de illis cum visu terribili, et
præsta ut sint illi obedientes, quando illos ab inferis
suscitabo, dum illis velle meum imperabo.*

Délivrez-moi, Seigneur, de leur vue terrible,
et faites qu'ils soient obéissants lorsque je les ferai sortir des enfers, et que je leur commanderai
d'accomplir ma volonté.

Après l'office des morts, il éteindra le cierge,
et au soleil levant, il égorgera un agneau mâle
de neuf jours, en prenant garde que le sang ne

souille pas la terre : on l'écorchera, et on jettera au feu sa langue et son cœur ; le feu sera nouveau, et on gardera les cendres pour s'en servir dans le besoin. On étendra la peau de l'agneau au milieu d'un champ, et pendant neuf jours, on l'arrosera d'eau bénite quatre fois le jour.

Le dixième jour, avant le soleil levé, on couvrira la peau d'agneau, des cendres du cœur et de la langue, avec les cendres du coq aussi.

Le jeudi, après le soleil couché, on enterrera la chair de l'agneau dans un lieu secret, et où aucun oiseau ne puisse venir, et le prêtre écrira sur la fosse avec le pouce droit, les caractères marqués à la figure 3, troisième ligne et pendant trois jours il arrosera les quatre coins avec de l'eau bénite, en disant :

Asperges me, Domine, hissopo et mundabor, lavabis me et super nivem dealbabor.

Après l'aspersion, il dira à genoux, la face tournée vers l'Orient, l'oraison suivante.

Oraison.

Jésus-Christ, rédempteur des hommes, qui étant l'agneau sans tache, avez été immolé pour le salut du genre humain, qui seul avez été digne d'ouvrir le livre de vie, donnez la vertu à cette peau d'agneau, de recevoir les signes que nous y formerons et qui seront écrits de votre sang; que les figures, signes et paroles aient leur vertu efficace, et faites que cette peau soit un préservatif contre les ruses des démons; qu'à la vue de ces figures ils soient épouvantés, et qu'ils n'en approchent qu'en tremblant; par vous J.-C. qui vivez et régnez dans les siècles. Ainsi soit-il.

Ensuite on dira les litanies du saint nom de Jésus: et au lieu de l'*Agnus Dei,* on dira:

L'Agneau immolé soit le soutien contre les démons.

L'Agneau occis donne la puissance contre la puissance des Ténèbres.

L'Agneau immolé accorde la faveur et la force de lier les Esprits rebelles. Ainsi soit-il.

Après que la peau de l'agneau aura été dix-huit jours étendue; le dix-neuvième, on ôtera la toison, qu'on réduira en poudre, et qui sera enterrée au même endroit; on écrira dessus avec le doigt, *vellus,* puis le caractère de la figure 4, planche III, puis on continuera:

Istud sic in cinerem reductum, si præsidium contra dæmones per nomen Jesu; puis les caractères fig. 6 de la même planche.

On mettra ensuite, du côté de l'Orient, sécher pendant trois jours cette peau au soleil, et avec un couteau neuf on fera la première ligne de la fig. 3, pl. II.

Après avoir fait cette fig., on dira le psaume 71 : *Deus judicium tuum, regi da,* etc. ; puis le caractère de la même figure ligne deuxième.

Après que cette figure sera achevée, le psaume 28 : *Offerte Domino patria gentium,* etc. ; du psaume 95 : *Cantate Domino canticum,* et dont le septième verset est : *offerte Domino filii Dei,* etc., puis la troisième ligne de la même figure.

Il dira après le psaume 77 : *Attendite populue meus, legem meam,* etc. puis posera la figure 7 de la pl. IV.

Cette figure faite, il dira le psaume 2 : *Quare fremuerunt gentes et meditati sunt inania ?*

Finalement, on fera la figure 8 de la même planche ; après quoi on récitera le psaume 115 : *Credidi propter quod locutus sum.*

Ensuite, le dernier lundi du mois, on dira une messe pour les morts, et on y omettra la prose et l'Évangile de S.t-Jean ; et à la fin de la messe le prêtre dira le psaume *Confitemini Domino quoniam bonus,* etc. [48]

---

48   Psaume 105.

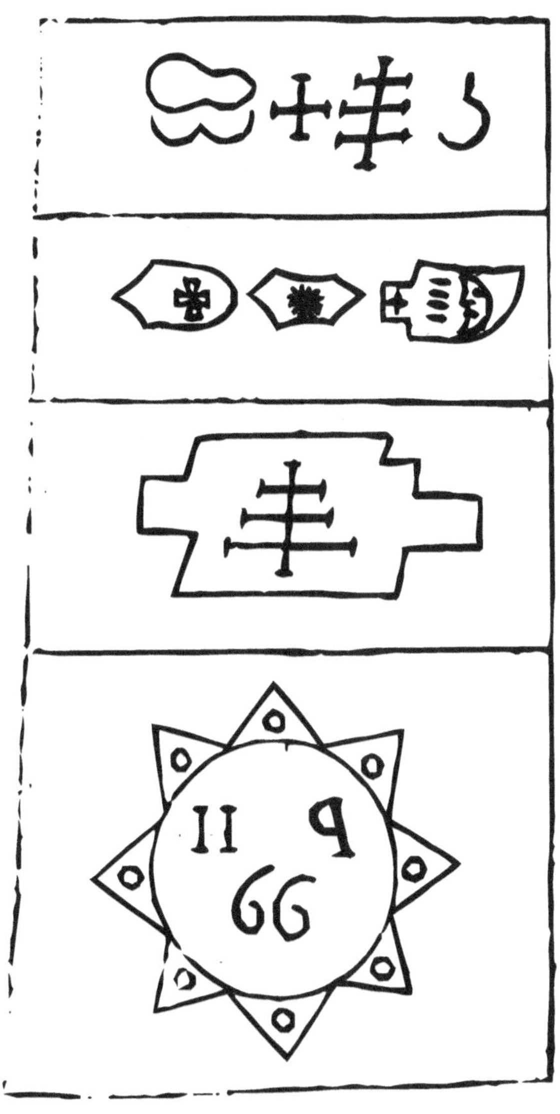

Rome 1670. — Planche avec des figures non spécifiées.

**En l'honneur de la Très-Sainte et Très-Auguste Trinité ;
le Père, le Fils et le Saint-Esprit. Ainsi soit-il.**

Les soixante-douze sacrés noms de Dieu,
*Trinitas, Sother, Messias, Emmanuel, Sabahot, Adonay,
Athanatos, Jesu, Pentagna, Agragon, Ischiros, Eleyson,
Otheos, Tetragrammaton, Ely, Saday, Aquila, magnus
Homo, Visio, Flos, Origo, Salvator, Alpha et Omega,
Primus, Novissimus, Principium et finis, Primogenitus,
Sapientia, Virtus, Paracletus, Via, Veritas, Via,
Mediator, Medicus, Salus, Agnus, Ovis, Vitulus, Spes,
Aries, Leo, Lux, Imago, Panis, Janua, Petra, Sponsa,
Pastor, Propheta, Sacerdos, Sanctus, Immortalis, Jesus-
Christus, Pater, Filius hominis, Sanctus, Pater omni-
potens Deus, Agios, Resurrectio, Mischiros, Charitas,
Æternus, Creator, Redemptor, Unitas, Summum,
Bonum, Infinitas.* Amen.

Les figures 9 et 10 planche IV, contiennent
les trois petits pantacles de Salomon, et celui de
l'Évangile St.-Jean.

*Initium sancti Evangelii secundum Joannem.
Gloria tibi, Domine.*

I n principio erat Verbum, et Verbum erat apud
Deum, et Deus erat Verbum. Hoc erat in prin-

cipio apud Deum. Omnia per ipsum facta sunt : et sine ipso factum est nihil quod factum est. In ipso vita erat, et vita erat lux hominum, et lux in tenebris lucet, et tenebræ eam non comprehenderunt. Fuit homo missus à Deo, cui nomen erat Joanes. Hic venit in testimonium, et testimonium perhiberet de lumine, ut omnes crederent per ipsum. Non erat ille lux, sed ut testimonium perhiberet de lumine. Erat lux vera quæ illuminat omnem hominem venientem in hunc mundum. In mundo erat et mundus per ipsum factus est, et mundus eum non cognovit. In propria venit, et sui eum non receperunt. Quot quot autem receperunt eum, dedit eis potestatem Filios Dei fieri ; his qui credunt in nomine ejus, qui non ex sanquinibus, neque ex voluntate carnis, neque ex voluntate viri, sed ex Deo nati sunt : et Verbum caro factum est, et habitavit in nobis, et vidimus gloriam ejus, gloriam quasi unigenti à Patre plenum gratiæ et veritatis. Deo gratias.

Hozanna Filio David. Benedictus qui venit in nomine Domini, Hozanna in excelsis.

Te invocamus, te adoramus.

Te laudamus, te glorificamus.

O Beata et gloriosa Trinitas.

Sit nomen Domini benedictum ; ex hoc nunc et usque in seculum. Amen.

In nomine Patris, et Filii, et Spiritus Sancti, Jesus Nazarethus Rex Judæorum. Christus vincit ✠ regnat ✠ imperat ✠ et ab omni malo me defendat. Amen.

Conjuration Universelle.

Ego N. conjuro te N. per Deum vivum, per Deum verum, per Deum sanctum et regnantem, qui ex nihilo cœlum et terram et mare, et omnia que in eis sunt, creavit in virtute sanctissimi sacramenti Eucharistiæ et nomine Jesu Christi et potentia ejusdem Filii Dei omnipotentis, qui pro redemptione nostra crucifixus, mortuus et sepultus fuit, et tertia die resurrexit, nuncque sedens ad dexteram psalmatoris totius orbis, inde venturus est judicare vivos et mortuos : et te maledicte incirco per judicem tuum tentare ausus Deus est, te exorciso serpens, tibi qui impero, ut nunc et sine mora appareas mihi juxta circulum pulchra et honesta animæ et corporis forma, et adimpleas mandata mea sine fallacia aliqua.

Nec restrictione mentali per nomina maxima Dei deorum Domini dominantium Adonay, Tetragrammaton, Jehova, Tetragrammaton, Adonay, Jehova, Otheos, Athanatos, Ischyros,

Agla,   Pentagrammaton,   Saday,   Saday,
Saday, Jehova, Otheos, Athanatos, à Liciat,
Tetragrammaton, Adonay, Ischyros, Athanatos,
Sady, Sady, Sady, Cados, Cados, Cados, Eloy,
Agla, Agla, Agla, Adonay, Adonay.

Constringo te pessime et maledicte serpens
N. ut sine mora et legione et gravamine in hoc
loco libita signa ante circulum meum sine murmure appareas, sine difformitate nec murmur
tione iterum.

Exorciso te per nomina Dei ineffabilia
Gogmagogque à me pronuntiari non debuerunt
et ternoce mea à lapsu venias adsis N. venias adsis N. venias adsis N.

Conjuration.

Moi N. je te conjure Esprit N. au nom du
grand Dieu vivant, qui a fait le ciel et la
terre, et tout ce qui est contenu en iceux, et
en vertu du S. nom de J.-C. son très cher fils,
qui a souffert mort, et passion pour nous à
l'arbre de la croix, et par le précieux amour
du Saint-Esprit, Trinité parfaite, que tu aies à
m'apparaître sous une forme humaine et belle
forme, sans faire peur ni bruit, et sans faire

frayeur quelconque ; je t'en conjure au nom du Dieu vivant Adonay, Tetragrammaton, Jehova, Tetragrammaton, Adonay, Jehova, Otheos, Athanatos, Adonay, Jehova, Otheos, Athanatos, Ischyros, Agla, Pentagrammaton, Jehova, Ischyros, Athanatos, Adonay, Jehova, Otheos, Athanatos, Tetragrammaton, à Luciat, Adonay, Ischyros, Athanatos, Ischyros, Athanatos, Sady, Sady, Sady, Adonay, Sady, Tetragrammaton, Sady, Jehova, Adonay, Eloy, Eloy, Agla, Eloy, Agla, Eloy, Agla, Agla, Agla, Adonay, Adonay, Adonay.

Veni, N. veni, N. veni, N.

Je te conjure de rechef de m'apparaître comme dessus dit, en vertu des puissants et sacrés noms de Dieu, que je viens de réciter présentement, pour accomplir mes désirs et volontés, sans fourbe ni mensonge ; sinon St.-Michel Archange invisible te foudroiera dans le plus profond des enfers ; viens donc N. pour faire ma volonté.

A. P.

Quid tardatis quid moramini, quid facitis ? Preparate vos, obedite præceptori vestro in nomine Domini Bathat vel Rachat super Abracruens super veniens Abehor super Aberer.

L. Q. L. F. A. P.

Voici le pentacle de Salomon que j'ai apporté à ta présence, et te fais commandement, de la part du grand Dieu Adonay, Tetragrammaton et Jésus, que tu aies à satisfaire à mes demandes, sans fourbe ni mensonge, mais en toute vérité, au nom du Sauveur Rédempteur J.-C.

(Voyez la figure de ce pantacle à la page 16 des Œuvres d'Agrippa, édition de 1744).

Renvoi.

Ite in pace ad loca vestra et pax sit inter vos, et vos parati sitis venire vocati. In nomine Patris, et Filii, et Spiritus sancti. Amen.

Act. D. G.

Laus, honor, gloria et benedictio sit sedenti super thronum et viventi in secula seculorum. Amen.

Conjuration du Livre.

Je te conjure, Livre, d'être utile et profitable à tous ceux qui te liront pour la réussite de leurs affaires. Je te conjure de rechef, par la vertu du sang de J.-C. contenu tous les jours dans le calice, d'être utile à tous ceux qui te liront. Je t'exorcise au nom de la très-sainte Trinité, au nom de la très-sainte Trinité, au nom de la très-sainte Trinité.

Il faut dire ce qui suit avant le signe du Livre.

Je vous conjure et ordonne, Esprits, tous et autant que vous êtes, de recevoir ce Livre en bonne part, afin que toutefois que nous lirons ledit Livre, ou qu'on le lira, étant approuvé et reconnu être en forme et en valeur, vous ayez à paraître en belle forme humaine lorsqu'on vous appellera, selon que le lecteur le jugera : dans toutes circonstances, vous n'aurez aucunes atteintes sur le corps, l'âme et l'esprit du lecteur, ni ferez aucune peine à ceux qui l'accompagneront, soit par murmure, par tempêtes, bruit, tonnerres, scandales, ni par lésion, privation d'exécution des commandements dudit Livre. Je vous conjure de venir aussitôt la conjuration faite, afin d'exécuter, sans retardement, tout ce qui est écrit, et mentionné dans son lieu dans ledit Livre : vous obéirez, vous servirez, enseignerez, donnerez, ferez tout ce qui est en votre puissance ; en utilité de ceux qui vous ordonneront, le tout sans illusion. Si, par hasard, quelqu'un des Esprits appelés ne pouvaient venir ou paraître, lorsqu'il serait requis, il sera tenu d'en envoyer d'autres revêtus de son pouvoir, qui jureront solennellement exécuter tout ce que le lecteur pourra demander, en vous conjurant tous par les très-saints noms du tout-puissant Dieu vivant. Eloym, Jah, El, Eloy, Tetragrammaton, de faire tout ce qui est dit ci-dessus. Si vous n'obéissez, je vous contraindrai d'aller pour mille ans dans les peines, ou si quelqu'un de vous ne reçoit ce Livre avec une entière résignation à la volonté du lecteur.

Conjuration des Démons.

Au nom du Père, et du Fils, et du St.-Esprit : Alerte, venez tous Esprits. Par la vertu et le pouvoir de votre Roi, et par les sept couronnes et chaînes de vos Rois, tous Esprits des enfers sont obligés d'apparaître à moi devant ce Pantacle ou cercle de Salomon, quand je les appellerai. Venez tous à mes ordres, pour faire tout ce qui est à votre pouvoir, étant commandés. Venez donc de l'Orient, Midi, Occident et Septentrion. Je vous conjure et ordonne, par la vertu et puissance de celui qui est trois, Eternel, égal, qui est Dieu invisible, consubstantiel; en un mot, qui a créé le ciel, la mer, et tout qui est sous les cieux.

Après ces conjurations, vous ordonnerez d'apposer le cachet.

Figure du Cercle et de ce qui le concerne.

Les cercles se doivent faire avec du charbon ou de l'eau bénite aspergée avec du bois de la croix bénite. Quand ils seront faits de la sorte, et les paroles écrites autour du cercle, l'eau bénite qui aura servi pour bénir le cercle, doit encore servir pour empêcher les Esprits de faire aucunes peines. Etant au milieu du cercle, vous leur commanderez avec vivacité comme étant leur maître.

Ce qu'il faut dire en composant les Cercles.

Seigneur, on a recours à votre vertu; Seigneur confirmez cet ouvrage; ce qui est opéré en nous, devienne comme la poussière à la rencontre du vent, et l'ange du Seigneur arrêtant, que les ténèbres disparaissent, et l'ange du Seigneur poursuivant toujours Alpha, Omega, Ely, Elohe,

Elohim, Zabahot, Elion, Sady. Voilà le lion qui est vainqueur de la tribu de Juda, racine de David. J'ouvrirai le livre et ses sept signes, J'ai vu Satan comme une lumière tombant du ciel. C'est vous qui nous avez donné la puissance de réduire sous vos pieds les dragons, les scorpions, et vos ennemis. Rien ne nous nuira, pas même Eloy, Elohim, Elohe, Zabahot, Elion, Esarchie, Adonay, Jaha, Tetragrammaton, Sady.

La terre et tous ceux qui l'habitent sont à Dieu, parce qu'il l'a fondée sur les mers ; et il l'a préparée sur les fleuves. Qui est celui qui montera sur la montagne du Seigneur ; ou qui est celui qui n'a reçu dans son saint lieu, l'innocent d'une main et d'un cœur pur ? Qui n'a pas reçu son âme inutilement, et n'a pas juré fourberie à son prochain ? Celui-là sera béni de Dieu, et recevra la miséricorde de Dieu pour son salut. C'est de la génération de ceux qui le cherchent.

Princes, ouvrez vos portes, ouvrez les portes éternelles et le Roi de gloire entrera. Qui est ce Roi de gloire ? Le Seigneur tout-puissant, Seigneur vainqueur dans le combat. Princes, ouvrez vos portes ; élevez les portes éternelles. Qui est ce Roi de gloire ? Le Seigneur tout-puissant, ce Seigneur est le Roi de gloire.

Gloria Patri etc.

Pour les renvoyer, il faut montrer le Pantacle de Salomon, prononçant ce qui suit.

Voilà votre sentence qui vous défend d'être rebelles à nos volontés, et qui vous ordonne de retourner dans vos demeures. Que la paix soit entre vous et nous, et soyez prêts à revenir toutes les fois qu'on vous appellera pour faire ma volonté.

Conjuration du Roi de l'Orient.

Je te conjure et invoque, ô puissant Magoa, Roi de l'Orient, dans mon saint travail de tous les noms de la Divinité, au nom du Tout-Puissant, je te fais commandement d'obéir, à ce que tu aies à venir ou m'envoyer N. sans retardement, présentement Masseyel, Asiel, Satiel, Arduel, Acorib, et sans aucun délai, pour répondre à tout ce que je veux savoir et faire ce que je commanderai ; ou bien tu viendras toi-même pour satisfaire à ma volonté : et si tu ne le fais, je t'y contraindrai par toute la vertu et la puissance de Dieu.

Le grand pantacle ou cercle de Salomon servira pour la précédente conjuration, et les trois suivantes ; lesquelles conjurations se peuvent dire

Planche du Rome 1670.

tous les jours et à toutes heures. Si on ne désire parler qu'à un Esprit, on n'en nommera qu'un au choix du lecteur.

Conjuration du Roi du Midi.

O Egym! Grand Roi du Midi, je te conjure et invoque par les très-hauts et saints noms de Dieu, d'agir revêtu de tout ton pouvoir, de venir devant ce cercle, ou envoie-moi présentement Fadal, Nastraché, pour répondre et exécuter toutes mes volontés. Si tu ne le fais, je t'y contraindrai par Dieu même.

Conjuration du Roi d'Occident.

O Roi Bayemon! Très fort, qui règne aux parties Occidentales, je t'appelle et invoque au nom de la Divinité, je te commande, en vertu du très-haut, de m'envoyer présentement devant ce cercle le N. Passiel, Rosus, avec tous les autres Esprits qui te sont sujets, pour répondre à tout ce que je leur demanderai. Si tu ne le fais, je te tourmenterai du glaive du feu divin; j'augmenterai tes peines et te brûlerai.

Conjuration du Roi du Septentrion.

O toi, Amaymon! Roi empereur des parties Septentrionales, je t'appelle, invoque, exorcise, et conjure, par la vertu et puissance du Créateur, et par la vertu des vertus, de m'envoyer présentement et sans délai, Madael, Laaval, Bamulhae, Belem, Ramat, avec tous les autres Esprits, qui te sont soumis, en belle et humaine forme: en quelque lieu que tu sois, viens rendre l'honneur que tu dois au Dieu vivant véritable et ton créateur. Au nom du Père, du Fils et du St-Esprit; viens donc et sois obéissant devant ce cercle, et sans aucun péril de mon corps ni de mon âme, viens en belle forme humaine, et non point terrible, et t'adjure que tu aies à venir tout maintenant et présentement, par tous les divins noms, Sechiel, Barachiel; si tu ne viens promptement, Balandier, *suspensus, iracundus, Origratiumgu Partus, Olemdemis et Bantatis*, N. je t'exorcise, invoque et te fais commandement très-haut, par la toute-puissance de Dieu vivant, du vrai Dieu, par la vertu du Dieu saint, et par la vertu de celui qui a dit, et tout a été fait, et par son saint commandement, toutes choses ont été faites, le ciel, la terre, et ce qui est en eux. Je t'adjure par le Père, par le Fils et par le Saint-Esprit, et par la Sainte Trinité, et par le Dieu auquel tu ne peux résister, sous l'empire duquel je te ferai ployer; je te conjure par le Dieu Père, par le Dieu Fils, par le Dieu Saint-Esprit et par la mère de Jésus-Christ, sainte mère et vierge perpétuelle, et par ses saintes entrailles, et par son très-sacré lait que le fils du Père a sucé; et par son très-sacré corps et âme, et par toutes les pièces et membres de cette vierge et par toutes les douleurs, et par toutes les afflictions, labeurs et ressentiments qu'elle a soufferts pendant le cours de sa vie, par tous les sanglots et saintes larmes qu'elle a versées, pendant que son cher fils pleura durant le temps de sa douloureuse passion, entre l'arbre de la croix; par toutes les saintes choses sacrées qui sont offertes et faites, et autres, tant au ciel qu'en la terre, en l'honneur de N.-S. J.-C. et de la bienheureuse Marie sa mère, et par tout ce qui est céleste, par l'église militante, en l'honneur de la Vierge et de tous les Saints, et par la Sainte Trinité, et par tous les autres mystères, et par le signe de la croix, et par le très-précieux sang et eau qui coulèrent du côté de J.-C., et par son Annonciation, et par la sueur qui sortit de tout son corps, lorsqu'au jardin des Olives il dit: Mon père, si faire se peut, que ces choses passent outre de moi, que je ne boive point le calice de la mort;

par sa mort et passion, et par sa sépulture, et par sa glorieuse résurrection, par son ascension, par la venue du Saint-Esprit. Je t'adjure de rechef par la couronne d'épines qu'il porta sur sa tête, par le sang qui coula de ses pieds et de ses mains, par les clous avec lesquels il fut attaché à l'arbre de la croix, et par les cinq plaies, par les saintes larmes qu'il a versées, et par tout ce qu'il a souffert volontairement pour nous avec une grande charité ; par les poumons, par le cœur, par le foie et les entrailles, et par tous les membres de N.-S. J.-C. ; par le jugement des vivants et des morts, par les paroles évangéliques de N.-S. J.-C., par ses prédications, par ses paroles, par tous ses miracles, par l'enfant enveloppé de linge, par l'enfant qui crie, que la mère a porté dans son très-pur et virginal ventre, par les glorieuses intercessions de la vierge mère de N.-S. J.-C. ; par tout ce qui est de Dieu et de sa très-sainte mère, tant au ciel qu'en la terre ; par les saints Anges et Archanges, et par tous les bienheureux ordres des Esprits ; par les saints Patriarches et Prophètes, et par tous les saints martyrs et confesseurs, et par toutes les saintes Vierges et veuves innocentes, et par tous les saints et saintes et celui de Dieu. Je te conjure par le chef de S. Jean-Baptiste, par le lait de Sainte Catherine, et par tous les bienheureux.

CONJURATION POUR CHAQUE JOUR DE LA SEMAINE.

Pour le lundi à Lucifer. Cette expérience se fait souvent depuis onze jusqu'à douze, et depuis trois heures jusqu'à quatre. Il faudra du charbon, de la craie bénite pour faire le cercle, autour duquel on écrira ce qui suit :

Je te défends, Lucifer, au nom de la très-sainte Trinité, d'entrer dans ce cercle. (Voyez la fig. 11 pl. V).

Il faut avoir une souris pour lui donner: le maître doit avoir une étole et de l'eau bénite, avec une aube et un surplis pour commencer la conjuration allégrement, commander âprement et vivement, comme doit faire le maître à son serviteur, avec toutes sortes de menaces; Satan, Rantam, Pallantre, Lutais, Cricacœur, Scircigreur, je te requiers très-humblement de me donner....

Conjuration du Lundi à Lucifer.

Je te conjure Lucifer, par le Dieu vivant, par le Dieu vrai, par le Dieu saint, par le Dieu qui a dit, et tout a été fait; il a commandé, et toutes choses ont été faites et créées. Je te conjure par le nom ineffable de Dieu On, Alpha et Omega, Eloy, Eloym, Ya, Saday, Lux les Mugiens, Rex, Salus, Adonay, Emmanuel, Messias, et je t'adjure, conjure et t'exorcise par les noms qui sont déclarés par les lettres V, 6, X; et par les noms Jehova, Sol, Agla, Rissasoris, Oriston, Orphitue, Phaton ipreto, Ogia, Speraton, Imagon, Amul, Penaton, Soter, Tetragrammaton, Eloy, Premoton, Sirmon, Perigaron, Irataton, Plegaton, On, Perchiram, Tiros, Rubiphaton, Simulaton, Perpi, Klarimum, Tremendum, Meray, et par les très-hauts noms ineffables de Dieu, Gali, Enga, El, Habdanum, Ingodum, Obu Englabis, que tu aies à venir, ou que tu m'envoies N. en belle et humaine forme, sans aucune laideur, pour répondre à la réelle vérité de tout ce que je lui demanderai, sans avoir pouvoir de me nuire tant au corps qu'à l'âme, ni à qui que ce soit.

Pour le Mardi à Frimost. [49]

Cette expérience se fait la nuit, depuis neuf heures jusqu'à dix: on lui doit donner la première pierre que l'on trouve. C'est pour être reçu en dignité et honneur. On y procédera de la façon du lundi: on y fera un cercle, autour duquel on écrira:

Obéis-moi, Frimost, obéis-moi, Frimost, obéis-moi, Frimost. (Voyez la fig. 12, pl. V).

Conjuration.

Je te conjure, Frimost, et te commande par tous les noms, par lesquels tu peux être contraint et lié; je t'exorcise, Nambroth[50], par ton nom, par la vertu de tous les Esprits, par tous les carac-

---

49   Le *Dragon Noir* indique *Frimost*. Devrait être *Nambroth*, si on se fie au Ms. 4666 et 2494 et Rome 1670. Idem pour les noms autour du Cercle: *Obéis-moi Nambroth, &c...*

     GV: *Frimost est un démon sous le Duc Syrach. Son office est d'avoir puissance sur les femmes et les filles, et en fait avoir la jouissance.*

50   Ici le nom de *Nambroth* revient comme il se devrait, tel qu'il apparaît dans les deux Ms. précédents. Ceci porte tout de même à la confusion.

tères, par le pantacle de Salomon, par les conjurations Judaïques, Grecques et Chaldaïques, par ta confusion et malédiction, et redoublerai tes peines et tourments de jour en jour à jamais, si tu ne viens maintenant pour accomplir ma volonté, et être soumis à tout ce que je te commanderai sans avoir pouvoir de me nuire tant au corps qu'à l'âme, ni à ceux de ma compagnie.

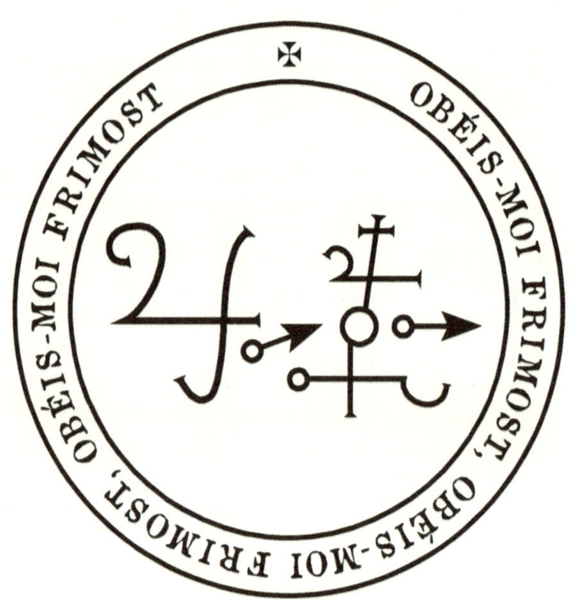

Pour le Mercredi, à Astaroth.

Cette expérience se fait la nuit, depuis dix heures jusqu'à onze ; c'est pour avoir les bonnes grâces du Roi et des autres. On écrira dans le cercle ce qui suit :

Viens, Astaroth, viens, Astaroth, viens, Astaroth. (Voyez la fig. 13, pl. VI).

Conjuration.

Je te conjure, Astaroth, méchant esprit, par les paroles et vertus de Dieu et par le Dieu puissant, et par J.-C. de Nazareth, auquel tous les démons sont soumis, qui a été conçu de la Vierge Marie, par le mystère de l'ange Gabriel ; je te conjure de rechef au nom du Père et du Fils, et du St-Esprit, au nom de la glorieuse Vierge Marie, et de la très-sainte Trinité, en l'honneur de laquelle tous les Archanges, les trônes, les dominations, les puissances, les patriarches, les prophètes, les apôtres et les évangélistes chantent sans cesse : Saint, Saint, Saint, le Seigneur Dieu des armées, qui a été qui est, qui viendra comme fleuve de feu ardent, que tu ne négliges pas mes commandements, et que tu ne refuses de venir. Je te commande par celui qui viendra tout en feu juger les vivants et les morts, auquel est dû honneur, louange et gloire ; viens donc promptement, obéis à ma volonté ; viens donc rendre louange au vrai Dieu, au Dieu vivant, et à tous ses ouvrages, et ne manque pas de m'obéir et rendre honneur au Saint-Esprit ; c'est en son nom que je te commande.

Pour le Jeudi [51] à Silcharde. [52]

Cette expérience se fait la nuit depuis trois heures jusqu'à quatre, en laquelle on l'appelle, et paraît en forme de Roi. Il faut lui donner un peu de pain, afin qu'il parle : c'est pour rendre l'homme heureux, et aussi pour les trésors. On écrira autour du cercle ce qui suit :

Par le Dieu Saint, par le Dieu Saint, par le Dieu Saint. (Voyez la fig. 14, pl. VI).

Conjuration.

Je te conjure, Silcharde, par l'image et ressemblance de J.-C. notre Seigneur, qui, par sa mort et passion a racheté le genre humain. Qui veut que par sa providence tu sois ici présent tout maintenant. Je te commande par tous les royaumes de Dieu. Agis, je t'adjure et te contrains

---

51   Mardi en erreur dans le texte.

52   Le *Dragon Noir* indique *Silcharde*. Devrait être *Acham*, tel qu'on le retrouve dans les Ms. 4666 et 2494 et Rome 1670.

GV : *Sirchade (Silcharde) est également un démon sous le Duc Syrach. Son office est de faire voir toutes sortes d'animaux de quelque nature qu'ils puissent être.*

par son saint Nom, par celui qui a marché sur l'aspic, qui a écrasé le lion et le dragon, que tu aies à m'obéir et faire mes commandements, sans avoir pouvoir de me nuire, ni au corps ni à l'âme, ni à qui que ce soit.

Pour le Vendredi à Béchard. [53]

Cette expérience se fait la nuit, depuis onze heures jusqu'à douze ; il faut lui donner une noix.
On écrira dans le cercle :

Viens Béchard, viens Béchard, viens Béchard.
(Voyez la fig. 15, pl. VII).

Conjuration.

Je te conjure, Béchard, et te contrains de venir à moi ; je te conjure de rechef par les très-saint nom de Dieu, Eloy, Adonay, Eloy, Agla, Samalabactany, qui sont écrits en hébreu, grec et latin, par tous les sacrements, par tous les noms écrits dans ce Livre, et par celui qui t'a chassé du haut du ciel. Je te conjure, commande, par la vertu de la très-sainte Eucharistie, qui a racheté les hommes de leurs péchés, que sans aucun délai tu viennes pour faire et parfaire tous mes commandements, sans aucune lésion de mon corps ni de

---

53   *Béchard*, que l'on mentionne aussi dans le *Dragon Noir*, est une variation de l'Esprit du Vendredi *Bechet*, des Ms. 4666 et 2494 et Rome 1670.

mon âme, ni faire tort à mon Livre, ni à ceux qui sont ici avec moi.

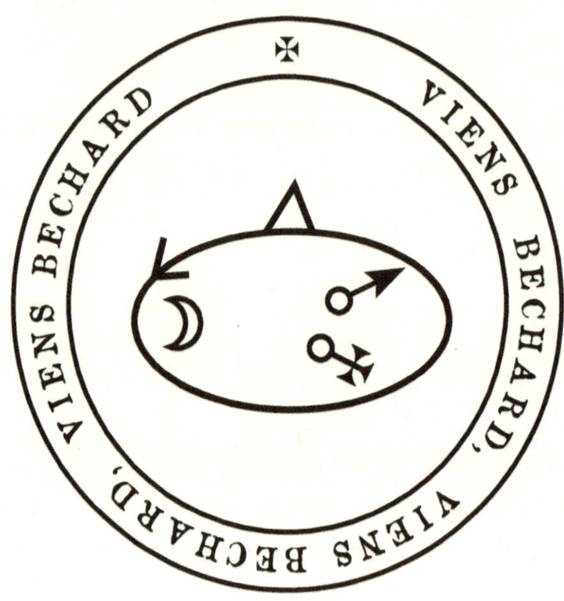

Pour le Samedi à Guland.[54]

Cette expérience se fait la nuit, depuis onze heures jusqu'à douze, et sitôt qu'il paraît, il lui faut donner du pain brûlé, et lui demander ce qu'il vous plaira, il vous obéira sur-le-champ. On écrira dans son cercle :

N'entre pas, Guland ; n'entre pas, Guland ; n'entre pas, Guland. (Voyez la fig. 16, pl. VII).

Conjuration.

J e te conjure, Guland, au nom de Satan, au nom de Béelzébut, au nom d'Astaroth, et au nom de tous les autres Esprits, que tu aies à venir vers moi : viens donc à moi, au nom de Satan et de tous les autres démons ; viens donc à moi, lorsque je te commande au nom de la très-sainte Trinité ; viens sans me faire aucun mal, sans lésion, tant de mon corps que de mon âme, sans me faire tort de mes Livres, ni d'aucune chose dont je me sers.

---

54   Le *Dragon Noir* mentionne *Guland*. Devrait être *Nabam*, selon les Ms. 4666 et 2494 et Rome 1670.

   GV : *Guland est un démon sous le Duc Syrach. Son office est d'exciter et causer toutes sortes de maladies, etc.*

Je te commande de venir sans délai, ou que tu aies à m'envoyer un autre Esprit qui ait la même puissance que toi, qui accomplisse mes commandements, et qu'il soit soumis à ma volonté, sans que celui que tu m'enverras, si tu ne viens pas toi-même, ne s'en aille point sans mon consentement, et qu'il n'ait accompli ma volonté.

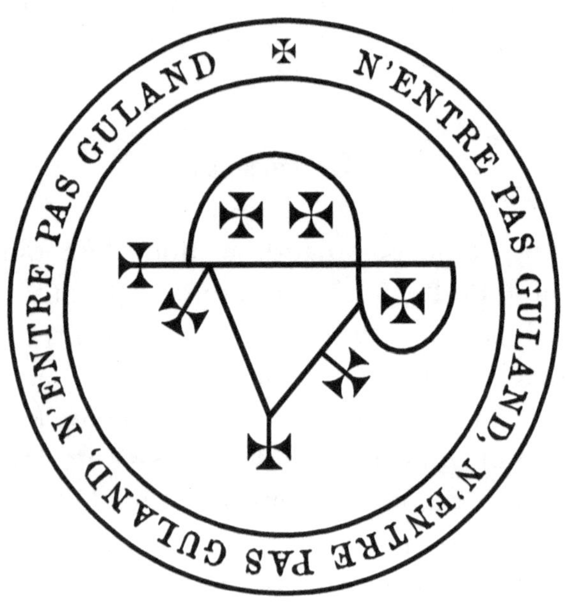

Pour le Dimanche à Surgat. [55]

Cette expérience se fait la nuit, depuis onze heures jusqu'à une. Il demandera un poil de votre tête; il faut lui en donner un comme du renard; il faut qu'il le prenne: c'est pour trouver et lever tous les trésors, et ce que vous voudrez. On écrira dans son cercle:

Tetragrammaton, 3, Ismaël, Adonay, Ilma.
Et dans un second cercle:
Viens, Surgat; viens, Surgat; viens, Surgat.
(Voyez la figure 17, pl. VIII).

Conjuration.

Je te conjure Surgat, par tous les noms écrits dans ce Livre, que sans délai et promptement, tu sois ici tout prêt à m'obéir, ou que tu m'envoies un Esprit qui m'apporte une pierre, avec laquelle, lorsque je la porterai, je ne sois vu

---

55   Le *Dragon Noir* indique *Surgat*. Devrait cependant être *Aquiel* ou *Acquiot*, d'après les Ms. 4666 et 2494 et Rome 1670.

GV : *Surgat est un démon sous le Duc Syrach. Son office est d'ouvrir toutes sortes de serrures.*

de personne, quel qu'il soit, et je te conjure que tu te trouves soumis à celui que tu m'enverras, ou ceux que tu m'auras envoyé, à faire et accomplir ma volonté, et tout ce que je commanderai, sans nuire ni à moi, ni à qui que ce soit, afin que tu saches ce que je veux.

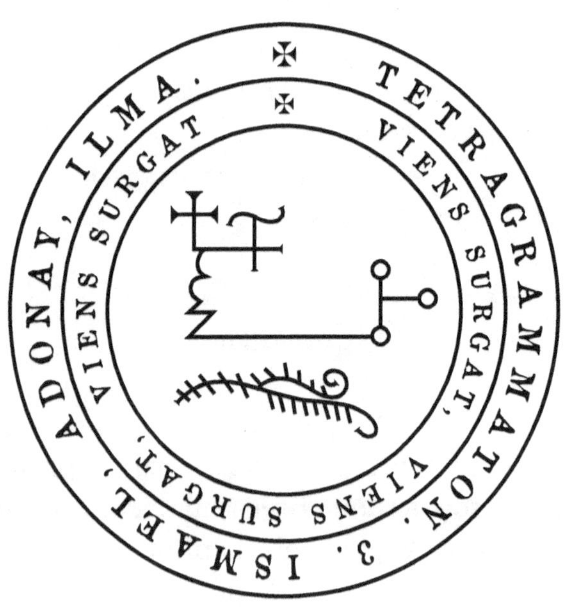

Conjuration très-forte pour tous les jours et à toute heure, tant de jour que de nuit, pour les trésors cachés, tant par les hommes que par les Esprits, pour les avoir ou les faire apporter.

J e vous commande, démons ; qui résidez en ces lieux, ou en quelque partie du monde que vous soyez, et quelque puissance qui vous ait été donnée de Dieu et des Saintes Anges sur ce lieu même, et de puissante principauté des abîmes d'enfer, et de tous vos confrères, tant en général que spécial démons, de quelques ordres que vous soyez, demeurant tant d'Orient, Occident, Midi, et Septentrion, et dans tous les côtés de la terre, par la puissance de Dieu le Père, par la sagesse de Dieu le Fils, par la vertu du Saint-Esprit, et par l'autorité qui m'est donnée de N.-S. J.-C. l'unique Fils du Tout-Puissant et créateur, qui nous a créés de rien et toutes les créatures, qui fait que vous n'avez pas la puissance de garder, d'habiter et demeurer en ce lieu, par qui je vous contrains et commande, que bon gré, mal gré, sans nulle fallace ni tromperie, vous me déclariez vos noms, et que vous me laissiez la paisible puissance de cette place, et de quelque légion que vous soyez, et de quelle partie du monde que vous soyez, et quelle partie du monde que vous habitiez, de la part de la très-sainte Trinité et par les mérites de la très-sainte heureuse Vierge et de tous les Saints, je vous déchaîne tous, Esprits qui habitez ce lieu, et je vous envoie au plus profond des abîmes infernales. Ainsi ; allez, tous maudits Esprits, et damnés au feu éternel qui vous est préparé, et à tous vos compagnons, si vous m'êtes rebelles et désobéissants ; je vous conjure par la même autorité, je vous exhorte et appelle, je vous contraints et commande, par toutes les puissances de vos supérieurs démons, de venir obéir et répondre positivement à ce que je vous ordonnerai au nom de J.-C., que si eux ou vous n'obéissez promptement, et sans délai, j'augmenterai en bref vos peines en enfer pour mille ans ; je vous contrains donc de paraître ici en belle forme humaine, par les très-saints noms de Dieu, Hain, Lon, Hilay, Sabaoth, Helim, Radiaha, Ledieha, Adonay, Jehova, Ya, Tetragrammaton, Sadai, Massias, Agios, Ischyros, Emmanuel, Agla, Jésus qui est Alpha et Omega, le commencement et la fin, que vous fussiez dans le feu justement établi, afin que de rechef vous n'ayez aucune puissance de résider, d'habiter, ni demeurer en ce lieu, et vous demande ce que vous ferez par et vertu des susdits noms, et que S. Michel Ange vous envoie au plus profond du gouffre infernal, au nom du Père et du Fils, et du Saint-Esprit. Ainsi soit-il.

Je te conjure, Acham, ou qui que tu sois, par les très-saints noms de Dieu, par Malhame, Jac, May, Mabron, Jacob, Desmedias, Eloy, Aterestin, Janastardy, Finis, Agios, Ischyros, Otheos, Athanatos, Agla, Jehova, Homosion, Aja, Messier, Sother, Christus vincit, Christus regnat, Christus imperat, Increatur Spiritus sanctus.

Je te conjure, Cassiel, ou qui que tu sois, par tous les noms susdits, avec puissance et en t'exorcisant. Je te recommande par les autres susdits noms du très-grand créateur qui te sont communiqués, et qui le seront encore ci-après, afin que tu écoutes tout incontinent, et dès à présent, mes paroles, et que tu les observes inviolablement comme des sentences du dernier jour tremblant du jugement auquel il faut que tu m'obéisses inviolablement ; et ne pense pas me rebuter à cause que je suis un pêcheur, mais sache que tu rebutes les commandements du très-haut Dieu. Ne sais-tu pas que tu perds tes forces devant ton créateur et le nôtre ? C'est pourquoi, pense à ce que tu refuses ; d'autant que me promettant et jurant par ce dernier jour tremblant du jugement, et par celui qui a tout créé d'une seule parole, auquel toutes créatures obéissent. *P. per sedem Baldarcy et per gratiam et diligentem tuam habuisti ab eo hanc na-latimanamilam,* afin que je te demande.

RECUEIL DES PLUS RARES SECRETS DE L'ART MAGIQUE.

Pour gagner au jeu.

Cueillez la veille de S. Pierre, avant le soleil levé, l'herbe appelée *Morsus Diaboli*: mettez-la une journée sur la pierre bénite, ensuite faites-la sécher, mettez-la en poudre et la portez sur vous. Pour la cueillir, il faut faire le demi-cercle, avec les noms et croix marqués à la fig. 18, planche VIII.

Pour éteindre le feu d'une cheminée.

Faites sur la cheminée, avec un charbon, les caractères et mots des deux petits pantacles de la figure 9, planche IV[56], et prononcez-en trois fois les paroles.[57]

Pour avoir de l'or et de l'argent, ou main de gloire.[58]

Arrachez le poil avec sa racine d'une jument en chaleur, le plus près de la nature, disant : Dragne, Dragne. Serrez ce poil ; allez aussitôt acheter un pot de terre neuf avec son couvercle, sans marchander. Retournez chez vous ; emplissez ce pot d'eau de fontaine, à deux doigts près du bord ; mettez ledit poil dedans, couvrez le pot, mettez-le en lieu que vous ni autres ne le puissent voir, car il y aurait du danger. Au bout de neuf jours, et à la même heure que vous l'aurez caché, vous irez le découvrir ; vous y trouverez dedans un petit animal en forme de serpent. Il se dres-

---

56   L'édition 1670 et le *Grimorium Verum* indiquent une figure différente. Voir l'appendice 3 pour cette version.

57   En référence aux paroles écrites autour du pentacle de droite : *In hoc vince Adonay.*

58   Je ne vois pas véritablement de lien avec la *Main de Gloire* qui consiste en une main d'un pendu utilisée en guise de chandelle, laquelle possède le pouvoir de stupéfaction, pétrifiant sur place tous les habitants d'une demeure, et permettant aux voleurs de commettre leur crime en toute impunité.

sera debout; vous lui direz aussitôt: j'accepte le pacte. Cela fait, vous le prendrez sans le toucher de la main; vous le mettrez dans une boîte neuve achetée exprès sans marchander: vous y mettrez du son de froment, point autre chose; mais il ne faut pas manquer de lui en donner tous les jours; et quand vous voudrez avoir de l'argent ou de l'or, vous en mettrez dans la boîte autant comme vous en voulez avoir, et vous vous coucherez sur votre lit, mettant votre boîte près de vous: dormez, si vous voulez, trois ou quatre heures. Au bout de ce temps, vous trouverez le double d'argent que vous y aurez mis; mais il faut prendre garde de remettre le même.

Notez que la petite figure[59], en forme de serpent, ne vient que par la force du charme; ainsi vous ne pouvez pas lui mettre plus de 100 livres à la fois. Mais si votre planète vous donne un ascendant sur les choses surnaturelles, le serpent aura un visage approchant de la figure humaine[60], et vous pourrez lui mettre jusqu'à 1,000 livres; tous

---

59   La figure est manquante dans l'édition 1760. Voir la planche suivante provenant du Rome 1670, qui indique: *Notez que la première figure, ligne seconde...*

60   Figure manquante. Voir planche suivante. Rome 1670: *Le serpent sera de la façon de la seconde figure de la même ligne que ci-dessus; c'est-à-dire qu'il aura un visage approchant de la figure humaine...*

les jours vous en tirerez le double. Si on voulait s'en défaire, on peut le donner à qui l'on voudra, pourvu qu'il l'accepte, mettant la figure que l'on a avec une croix, à la ligne faite sur du parchemin vierge dans la boîte, ou, au lieu de son ordinaire de froment qu'on lui donne communément, faudra lui donner du son sorti de la farine sur laquelle un prêtre aura dit sa première messe, et il mourra ; surtout n'oubliez pas aucune circonstance ; car il n'y a point de raillerie à cette affaire.

Jarretière pour voyager sans se fatiguer.

Sors de ta maison à jeun, marche à ta gauche tant que tu aies trouvé un marchand de rubans, achètes-en une aune de blanc ; paie ce que l'on te demandera, et laisse tomber un liard dans la boutique, retourne chez toi par le même chemin ; le lendemain fais de même jusqu'à ce que tu aies trouvé un marchand de plumes ; achètes-en une taillée, de même que tu as acheté le ruban ; et quand tu seras au logis, écris avec ton propre sang sur le ruban les caractères de la deuxième ligne, de la fig. 3, pl. II, pour la jarretière droite ; et ceux de la troisième ligne sont pour la gauche : quand cela sera fait, sors de ta maison ; le troi-

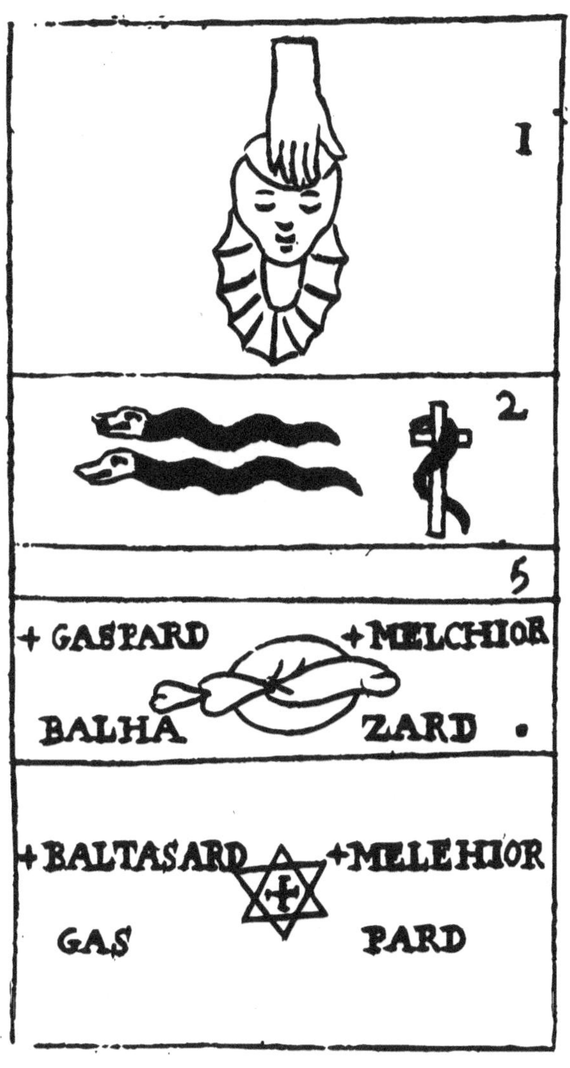

Planche de l'éd. Rome 1670 avec les Figures et Caractères pour les deux Secrets précédents.

sième jour, porte ton ruban et ta plume ; marche à gauche, jusqu'à ce que tu trouves un pâtissier ou un boulanger ; achète un gâteau ou un pain de deux liards ; va au premier cabaret, demande demi-setier de vin, fais rincer le verre trois fois par la même personne, romps en trois le gâteau ou le pain ; mets les trois morceaux dans le verre avec le vin, prends le premier morceau et le jette sous la table, sans y regarder, disant : Irly, pour toi ; prends ensuite le second morceau et le jette, disant : Terly, pour toi ; écris de l'autre côté de la jarretière le nom de ces deux Esprits avec ton sang ; jette le troisième morceau, disant : Firly, pour toi, jette la plume, bois le vin sans manger, paie l'écot et t'en va. Etant hors de la ville, mets tes jarretières ; prends garde de te méprendre, de ne pas mettre celle qui est pour la droite à la gauche, cela est de conséquence : frappe trois fois du pied contre terre, en réclamant les noms des Esprits : Irly, Terly, Erly, Balthazar, Melchior, Gaspard, marchons ; puis fais ton voyage.

Pour être dur contre toutes sortes d'armes.

Prenez de l'eau bénite de Pâques et de la fleur de froment ; faites une pâte de cela, et vous trouvez au trépas de quelqu'un qui meurt de mort violente, comme d'un pendu, ou autre justicier ; approchez le plus près de lui que vous pourrez, et sans rien dire, mettez votre pâte à l'air ; puis quand vous jugerez qu'il passe, conjurez son esprit de venir s'enfermer dans votre pâte, pour vous défendre contre toutes sortes d'armes : retournez chez vous, et faites des petites boules ; entortillez-les dans du parchemin vierge, où il y ait écrit ce qui suit : 1. u., n., 1., a. Fau, 1. Moot, et Dorhort. Amen. Il faut avaler ces boules.

Il faut dire, en faisant les boules, cinq fois *Pater*, et cinq fois *Ave*, etc.

Nota. Que le nombre de ces boules est arbitraire, et qu'on écrit les caractères précédents sur un seul morceau de parchemin vierge, que l'on partage en autant de parties que l'on fera de boulettes. Il faut nommer le nom de baptême du patient dans la conjuration.

Conjuration au Soleil.

Prenez un papier faites-y un trou, regardez par icelui vers le soleil levant, disant : Je te conjure, Esprit solaire, de la part du grand Dieu vivant, que tu aies à me faire voir N. ; puis continuez ainsi : *Anima mea turbata est valde ; sed tu, Domine, usquequo*[61] *;* répétez trois fois.

Pour voir la nuit dans une vision, ce que vous désirez savoir du passé ou de l'avenir.

Les deux NN. Que vous voyez dans le cercle intérieur de la fig. 22, pl. X[62], marquent la place où il faut mettre votre nom ; et pour savoir ce que vous désirez, écrivez les noms qui sont dans le cercle, sur du parchemin vierge, le tout avant de dormir, et le mettez sur votre oreille droite, vous couchant, disant trois fois l'oraison suivante :

Oraison.

Au glorieux nom du grand Dieu vivant, auquel, de tous temps, toutes choses lui sont présentes, moi qui suis votre serviteur N. Père Eternel, je vous supplie de m'envoyer vos Anges qui sont écrits dans le cercle, et qu'ils me montrent

---

61   Psaume 6:4. *Mon âme est toute troublée; et toi, Éternel, jusques à quand ?*
62   Ci-contre, une figure différente du Rome 1670 pour la même opération magique.

ce que je suis curieux de savoir et apprendre par
J.-C. N.-S. Ainsi soit-il.

Votre oraison finie, couchez-vous sur le côté
droit, et vous verrez en songe ce que vous désirez.

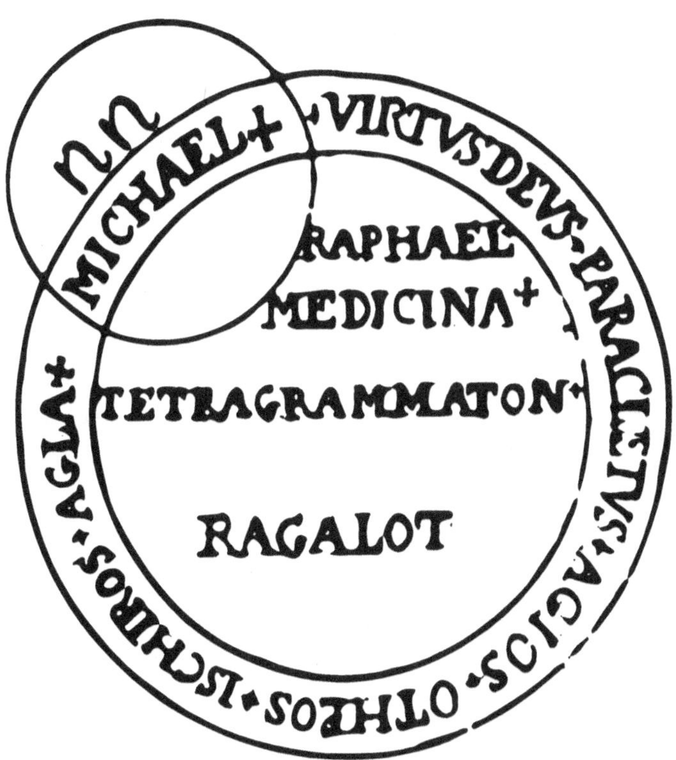

Figure différente dans l'édition de 1670.

Pour éclouer ou faire souffrir une personne.

Allez dans un cimetière, ramassez-y un clou d'un vieux cercueil, disant : Clou, je te prends afin que tu me serves à détourner et faire mal à toute personne que je voudrais ; au nom du Père, du Fils et du St-Esprit. Amen.

Quand vous voudrez vous en servir, vous re-marquerez l'impression du pied, et ferez les ca-ractères de la fig. 20, pl. IX[63], ensuite, fichez le clou au milieu du petit triangle de la figure que vous aurez tracée sur un morceau de planche di-sant : *Pater noster*, jusqu'à *in terra*. Frappez sur le clou avec une pierre, disant : Que tu fasses mal à N. jusqu'à ce que je te tire de là. Recouvrez l'en-droit avec un peu de poudre et le bien remar-quer : car on ne peut guérir le mal que cela cause, qu'en tirant le clou, et disant : Je te retire, afin que le mal cesse que tu as causé à N., au nom du Père, du Fils et du St-Esprit. Amen. Puis tire le clou, et efface les caractères, non pas de la même main qu'on les a faits, mais avec l'autre ; car il y aurait du danger pour le maléficiant.

---

63   Il s'agit plutôt de la figure 23, planche X, tel que l'indique aussi le *Dragon Noir*. La fig. 20, pl. IX sert plutôt pour gagner au jeu, Rome 1670, p. 55.

Pour sembler être accompagné de plusieurs.

Prenez une poignée de sable, et la conjurez ainsi : Anachi, Jehova, Hælersa, Azarbel, rets caras sapor aye pora cacotamo lopidon ardagal margas poston eulia buget Kephar, Solzeth Karne phaca ghedolossalese tata.

Mets le sable ainsi conjuré dans une boîte d'ivoire, avec de la peau d'un serpent tigre en poudre. Puis jetez-le en l'air, disant la conjuration, et il paraîtra autant d'hommes qu'il y a de grains de sable, au jour et heure que le soleil est au signe de M. la Vierge.

Pour n'être blessé d'aucune arme.

Dites tous les matins : Je me lève au nom de J.-C. qui a été crucifié pour moi : Jésus me veuille bénir ; Jésus me veuille conduire ; Jésus me veuille bien garder ; Jésus me veuille bien gouverner et conduire à la vie éternelle, au nom du Père, et du Fils, et du Saint-Esprit.

Les faut dire trois fois en se couchant, en se levant. On écrira sur l'épée ou l'arme dont on voudra se servir ce qui suit : Ibel, Ebel, Abel.

Pour faire rater une arme.

Prenez une pipe de terre, neuve et garnie de son couvre-feu en laiton, remplissez-la de racine de Mandragore en poudre, puis soufflez par le tuyau en prononçant en vous-même : *Abla, Got, Bata, Bata Bleu.*

Contre la pleurésie.

Faites infuser sur un bain de sable, pendant deux heures ; dans une chopine de bon vin blanc, dix à douze crottes de nouvelle fiente de cheval, d'âne ou de mulet ; ayant coulé et exprimé à chaud cette liqueur, versez-la dans un verre au fond duquel vous aurez écrit à l'avance, *Dia, Bix, On, Dabulh, Cherih ;* buvez-la dans un lit bien couvert, et le lendemain vous serez guéri.

Contre les fièvres.

Faites dissoudre une demi once de couperose verte, dans un verre d'eau ; écrivez avec cette dissolution sur un morceau de papier grand comme le pouce, les mots : *Agla, Garnaze, Eglatus, Egla.*

Avalez cinq jours de suite un pareil billet. Pendant ces cinq jours, prenez les préparations suivantes :

Pour la fièvre intermittente.

Avant l'accès, prenez une drachme de racine de grande gentiane en poudre.

Pour la fièvre tierce.

Appliquez sur votre nombril, de la racine de langue de chien nouvellement tirée de terre, nettoyée et coupée par tranches, avec un linge par-dessus pour l'y tenir arrêtée, renouvelez-la de douze en douze heures.

Pour la fièvre quarte.

Au commencement de l'accès prenez une drachme de Myrrhe dans un verre de vin blanc; réitérez trois fois.

Pour arrêter une perte de sang.

Ecrivez avec du sang, INRI sur un morceau de papier que vous appliquerez sur le front. Vous vous servirez ensuite, de la poudre qui sort de la cavité du fruit sec de la plante nommée *vesse de loup*, mêlée avec du blanc d'œuf; si la perte a lieu dans l'intérieur, comme crachement et vomissement de sang, mettez de la poudre d'alun dans de la conserve de rose rouge, mangez-en le matin à jeun et le soir en vous couchant, jusqu'à guérison.

Contre un coup d'épée.

Avant d'aller vous battre, écrivez sur un ruban, n'importe de quelle couleur, les deux mots : *Buoni jacum.* Serrez-vous le poignet droit avec ce ruban ; soyez sans crainte, défendez-vous, et l'épée de votre ennemi ne vous touchera point.

Pour quand on va à une action

Dites cinq *Pater* et cinq *Ave* en l'honneur des cinq plaies de N.-S. ; ensuite dites trois fois : Je m'en vais dans la chemise de Notre-Dame ; que je sois enveloppé des plaies de mon Dieu, des quatre couronnes du ciel, de Monsieur S. Jean l'Evangéliste, S. Luc, S. Matthieu et S. Marc ; qu'ils me puissent garder ; que ni homme, ni femme, ni plomb, ni fer, ni acier, ne me puissent blesser, tailler, ni briser mes os, à Dieu paix. Et quand on a dit ce qui est ci-dessus, il faut avaler

les mots suivants écrits sur de la feuille blanche :
*Est principio, est in principio, est in verbum, Deum et
tu phantu.* C'est pour vingt-quatre heures.

Pour éteindre le feu.

Dites : Grand feu ardent, je te conjure de la
part du grand Dieu vivant, de perdre ta couleur
comme Judas, quand il trahit Notre-Seigneur le
jour du grand Vendredi ; au nom du Père, et du
Fils, et du St.-Esprit. On le répète trois fois, donnant un coup de pied ou de poing, et on jette
sur le feu, le plus de paille coupée et fortement
mouillée qu'on peut se procurer.

Contre la brûlure.

Feu, perds ta chaleur, comme Judas perdit
sa couleur, quand il trahit Notre-Seigneur au
Jardin des Olives. On le prononce trois fois sur la
brûlure, envoyant à chaque fois une respiration
contre.

Ensuite enveloppez la brûlure avec de la laine
de coton posée assez épais, ou mettez dessus des
compresses de fort vinaigre de vin, que vous re-

nouvellerez toutes les deux heures le premier jour ; et toutes les six heures les jours suivants.

Contre le mal de tête.

Prenez du poivre noir en poudre, mêlez-le avec de la bonne eau-de-vie pour en faire une espèce de bouillie, formez-en un bandeau, que vous vous appliquerez sur le front en prononçant trois fois, les mots : *Millant, Vah, Vitalot ;* puis dites trois *Pater*.

Contre le flux du ventre.

Il faut boire à jeun, trois jours de suite, quatre onces de suc de plantain dépuré, et dire chaque fois ce qui suit :

« Je suis entré au Jardin des Olives, j'y ai ren-
« contré Sainte Elizabeth, elle me parla du flux
« de son ventre, je lui ai demandé grâce pour le
« mien ; et elle m'a ordonné de dire trois fois *Pater*
« en l'honneur de Dieu, et trois fois *Ave* en l'hon-
« neur de M. St.-Jean (Dites trois *Pater* et trois *Ave*,
« comme il est dit ci-dessus et vous serez guéri.

Pour empêcher de manger à table.

Plantez sous la table une aiguille qui ait servi à ensevelir un mort, et qui soit entré dans la chair, Puis dites : Coridal, Nardac, Degon. Ensuite vous mettrez un morceau d'Assa fœtida, sur un charbon brûlant, et vous vous retirerez.

Pour éteindre le feu.

Au lieu des paroles indiquées à la page 61 [64], dites celles suivantes, après avoir faite le signe de la croix : *Anania, Anassia, Emisael, libera nos Domine* ; jetez alors la paille coupée et mouillée comme il est dit.

Pour empêcher la copulation.

Pour cette expérience, faut avoir un canif neuf, puis, par un samedi, à l'heure précise du lever de la lune, dans son décours, vous tracerez avec la pointe, derrière la porte de la chambre où

---

64   Charme précédent contre le feu : *Grand feu ardent, je te conjure…*

couchent les personnes, les caractères de la figure 5, planche III, ainsi que les mots, *Consummatum est,* et rompez la pointe du canif dans la porte.

Pour le jeu.

Par un temps orageux, cueillez du trèfle à quatre ou cinq feuilles, faisant dessus un signe de croix, puis, dites: Trifle ou trèfle large, je te cueille au nom du Père, et du Fils, et du St.-Esprit, par la virginité de la Sainte Vierge, par la virginité de St.-Jean-Baptiste, par la virginité de St.-Jean l'Evangéliste, que tu aies à me servir à toutes sortes de jeux. Il faut dire cinq *Pater* et cinq *Ave*, puis on continue: El, Agios, Ischyros, Athanatos. Vous renfermerez ce trèfle dans un sachet de soie noire que vous porterez comme un scapulaire chaque fois que vous jouerez. Hors de ce temps, il faut avoir soin de le serrer soigneusement.

Pour arrêter un serpent.

Jetez après lui, un morceau de papier trempé dans une dissolution d'alun, et sur lequel vous aurez écrit avec du sang de chevreau: *Arrête, belle, voilà un gage*. Puis faites siffler devant lui, une baguette d'osier : s'il est touché de cette baguette, il mourra sur-le-champ, ou il fuira promptement.

Contre la teigne.

Dites pendant dix jours ce qui suit : Saint Pierre sur le pont de Dieu s'assit ; Notre-Dame de Caly y vint et lui dit : Pierre, que fais-tu là ? Dame, c'est pour le mal de mon chef que je me suis mis là. S.-Pierre, tu te lèveras ; à S.-Ager tu t'en iras ; tu prendras du saint onguent des plaies mortelles de Notre-Seigneur ; tu t'en graisseras, tu diras trois fois : *Jésus, Maria*, et tu feras trois fois le signe de la croix sur la tête. Après ces paroles, appliquez chaque fois, sur la tête, un cataplasme chaud de cresson d'eau fricassée avec de la graisse de porc.

Pour le jeu de dés.

Dés, je te conjure au nom d'Assizer et de Rassize, qu'ils viennent rafle et raflée aux noms d'Assia et de Longrio. Notez bien qu'il faut que vous soyez porteur du scapulaire formé de feuilles de trèfle, comme il est dit à la page 64. [65]

Pour faire sortir une arête de la gorge.

On se sert d'un poireau de médiocre grosseur dont on a retranché les racines ou filaments. A cet effet, on le trempe dans l'huile à salade, et on l'introduit dans le gosier à plusieurs reprises, s'il le faut, en prononçant ces paroles : *Blaise, martyre et serviteur de Jésus-Christ, je te commande de monter ou de dévaler.*

Pour ne point se lasser en marchant.

Ecrivez sur trois rubans de soie, *Gaspard, Melchior, Baltazard*. Attachez l'un de ces rubans au-dessus du genou droit, sans le serrer ; le second au-dessus du genou gauche, et le troisième autour des reins. Avalez avant de vous mettre en marche un petit verre d'anis dans du bouillon ou dans un verre de vin blanc, et frottez-vous les pieds avec de la rhue écrasée dans de l'huile d'olive.

---

65   Charme précédent : *Pour le jeu.*

Pour gagner à tous les jeux.

Nous avons déjà fait connaître plusieurs moyens pour gagner au jeu, (page 48, 64 et 65) en voici un autre que nous avons trouvé dans un vieux manuscrit, nous n'avons pas encore pu juger de son mérite.

Ecrivez sur du parchemin vierge les mots et croix qui suivent : ✠ Ibel ✠ Laber ✠ Chabel ✠ Habet ✠ Rabel. Il le faut porter sur vous.

Pour rompre et détruire tous maléfices.

Prenez une tassée de sel, plus ou moins, selon la quantité des animaux maléficiés ; prononcez dessus ce qui suit : *Herego gomet hunc gueridans sesserant deliberant amei.*

Faites trois tours autour des animaux, commençant du côté du soleil levant, et continuant suivant le cours de cet astre, les animaux devant vous, et faisant vos jets sur iceux par pincée, récitez les mêmes paroles.

Le grand Exorcisme pour déposséder soit la créature
humaine, ou les animaux irraisonnables.

Démon, sors du corps de N. par le commandement du Dieu que j'adore, et fais place au
St. Esprit. Je mets le signe de la sainte croix de
Notre-Seigneur J.-C. sur votre front. Au nom du
Père, et du Fils, et du Saint-Esprit. Je fais le signe
de la croix de N.-S. J.-C. dessus votre poitrine.
Au nom du Père, et du Fils, et du Saint-Esprit.
Dieu éternel et tout-puissant. Père de N.-S. J.-C.,
jetez les yeux de votre miséricorde sur votre serviteur N. que vous avez daigné appeler au droit
de la foi, guérissez son cœur de toutes sortes
d'éléments et de malheurs, et rompez toutes ses
chaînes et ligatures ; ouvrez, Seigneur, la porte de
votre gloire par votre bonté, afin qu'étant marqué du sceau de votre sagesse, il soit exempt de
la puanteur, des attaques et des désirs de l'Esprit
immonde ; et qu'étant rempli de la bonne odeur
de vos bontés et de vos grâces, il observe avec
joie vos commandements dans votre Eglise ; et en
s'avançant de jour en jour dans la perfection, il
soit rendu digne d'avoir reçu le remède salutaire
à ses fautes, par votre saint baptême, par les mérites du même J.-C. N.-S. et Dieu : Seigneur, nous
vous supplions d'exaucer nos prières, de conser-

ver et protéger ce qu'un amour charitable vous a fait racheter au prix de votre sang précieux, et par la vertu de votre sainte croix, de laquelle nous sommes marqués. Jésus protecteur des pauvres affligés, soyez propice au peuple que vous avez adopté, nous faisant participants du Nouveau Testament, afin que les lettres de la promesse soient exaucées, d'avoir reçu par votre grâce ce qu'ils ne peuvent espérer que par vous J.-C. N.-S., qui êtes notre recours, qui avez fait le ciel et la terre. Je t'exorcise, créature, au nom de Dieu, le Père tout-puissant, et par l'amour que N. C. J. B. porte, et par la vertu du Saint-Esprit; je t'exorcise par le grand Dieu vivant, qui est le vrai Dieu que j'adore, et par le Dieu qui t'a créé, qui a conservé tous ses élus, qui a commandé à ses serviteurs de le bénir, pour l'utilité de ceux qui croient en lui, afin que tout devienne un Sacrement salutaire pour chasser l'ennemi. C'est pour cela, Seigneur notre Dieu, que nous vous supplions de sanctifier ce sel par votre sainte bénédiction, et de le rendre un parfait remède pour ceux qui le recevront; qu'il demeure dans leurs entrailles, afin qu'elles soient incorruptibles, au nom de N.-S. J.-C. qui doit juger les vivants et les morts, et par le sceau du Dieu d'Abraham, du Dieu d'Isaac, du Dieu de Jacob, du Dieu qui est montré à son serviteur Moïse sur la montagne de Sinaï, qui a tiré les enfants d'Israël de l'Egypte, leur donnant un Ange pour les protéger et les conduire de jour et de nuit. Je vous prie aussi, Seigneur, d'envoyer votre saint Ange pour protéger votre serviteur N. et le conduire à la vie éternelle, en vertu de votre saint Baptême. Je t'exorcise, Esprit impur et rebelle, au nom de Dieu le Père, de Dieu le Fils, de Dieu le Saint-Esprit ; je te commande de sortir du corps de N., je t'adjure de te retirer au nom de celui qui donna la main à Saint Pierre, lorsqu'il était près d'enfoncer dans l'eau. Obéis, maudit Démon, à ton Dieu et à la sentence qui est prononcée contre toi, et fais honneur au Dieu vivant, fais honneur au Saint-Esprit et à J.-C. Fils unique du Père. Retire-toi, Serpent antique, du corps de N. parce que le grand Dieu te le commande ; que ton orgueil soit confondu et anéanti devant l'enseigne de la sainte croix, de laquelle nous sommes signés par le baptême et la grâce de J.-C. Pense que le jour de ton supplice approche, et que des tourments extrêmes t'attendent ; que ton jugement est irrévocable, que ta sentence te condamne aux flammes éternelles ainsi que tous tes compagnons, pour votre rébellion envers votre Créateur. C'est pourquoi, maudit Démon, je t'ordonne de fuir de la part du Dieu que j'adore ; fuis par le Dieu Saint, par le Dieu vrai, par celui qui a dit, et tout a été fait : rends honneur au Père, au Fils et au Saint-Esprit, et à la très-sainte et très indivisible Trinité. Je te fais commandement, Esprit sale, et qui que tu sois, de sortir du corps de cette créature N. créée de Dieu, lequel Dieu mène est N.-S. J.-C. qu'il daigne aujourd'hui, par son infinie bonté, t'appeler à la grâce de participer à ses saints Sacrements qu'il a institués pour le salut de tous les fidèles ; au nom de Dieu, qui jugera tout le monde par le feu.

Voilà la croix de N.-S. J.-C. ✠ Fuyez, parties adverses, voici le lion de la tribu de Juda, racine de David.

Pour lever tous sorts, et faire venir la personne qui a causé le mal.

Prenez le cœur d'un des animaux morts ; surtout qu'il n'ait aucun signe de vie ; arrachez le cœur, mettez-le sur une assiette propre, puis ayez neuf piquants d'aubépine, et procédez comme il va suivre.

Percez dans le cœur un de vos piquants, disant : Adibaga, Sabaoth, Adonay, *contra ratout prisons pererunt fini unixio paracle gossum.*

Prenez deux de vos piquants et les percez, disant : *Qui fussum mediator agros gaviol valax.*

Prenez-en deux autres, et les perçant, dites : *Landa zazar valoi sator salu xio paracle gossum.*

Reprenez deux de vos piquants, et les perçant, prononcez : *Mortus cum fice sunt et per flagellationem Domini nostri Jesu-Christi.*

Enfin, percez les deux derniers piquants aux paroles qui suivent : *Avir sunt* devant vous *paracletur strator verbonum offisum fidando.*

Puis, continuez, disant :

J'appelle ceux ou celles qui ont fait fabriquer le Missel Abel ; lâche, a-t-on mal fait que tu aies partant à nous venir trouver par mer ou par terre, tout par-tout, sans délai et sans dédit. Percez pour lors le cœur d'un clou à ces dernières paroles.

Notez que si on ne peut avoir des piquants d'aubépine, on aura recours à des clous neuf.

Le cœur étant percé, comme nous l'avons indiqué, on le met dans un petit sac ; puis on le pend à la cheminée. Le lendemain vous retirerez le cœur du sac, vous le mettrez sur une assiette, retirant la première épine vous le repercez dans un autre endroit du cœur, prononçant les paroles que nous lui avons destinées ci-dessus : vous en relevez deux autres ; et les reperçant, vous dites les paroles convenables : enfin vous les relevez toutes dans le même ordre pour les repercer comme nous avons dit, observant de ne jamais repercer dans le même trou. On continue cette expérience pendant neuf jours. Toutefois, si vous ne voulez donner relâche au malfaiteur, vous faites votre neuvaine dans le même jour, et dans l'ordre prescrit à la dernière opération. On perce le clou dans le cœur, prononçant les paroles que nous avons destinées pour cet effet : puis on fait grand feu ; on met le cœur sur un gril, pour le faire rôtir sur la braise ardente. Il faut que le maléficiant vienne demander grâce ; ou s'il est hors de son pouvoir de venir dans le peu de temps que vous exigerez de lui accorder, vous le ferez mourir.

Le château de Belle, garde pour les chevaux.

Prenez du sel sur une assiette ; puis ayant le dos tourné au lever du soleil, et les animaux devant vous, prononcez, étant à genoux, la tête nue, ce qui suit :

Sel qui est fait et formé au château de Belle Sainte belle Elisabeth, au nom Disolet, Solfée portant sel, sel dont sel, je te conjure au nom de

Gloria, de Doriante et de Galianne sa sœur; sel je te conjure que tu aies à me tenir mes vifs chevaux de bêtes cavalines que voici présents devant Dieu et devant moi, sains et nets, bien buvants, bien mangeants, gros et gras, qu'ils soient à ma volonté; sel dont sel, je te conjure par la puissance de gloire, et par la vertu de gloire, et en toute mon intention toujours de gloire.

Ceci prononcé au coin du soleil levant, vous gagnez l'autre coin suivant le cours de cet astre, vous y prononcez ce que dessus. Vous en faites de même aux autres coins; et étant de retour où vous avez commencé, vous y prononcez de nouveau les mêmes paroles; observez pendant toute la cérémonie, que les animaux soient toujours devant vous parce que ceux qui traverseront seront autant de bêtes folles.

Faites ensuite trois tours autour de vos chevaux, faisant des jets de votre sel sur les animaux, disant:

Sel, je te jette de la main que Dieu m'a donnée; Grapin, je te prends, à toi je m'attends.

Dans le restant de votre sel, vous saignerez l'animal sur qui on monte, disant:

Bête cavaline je te saigne de la main que Dieu m'a donnée, Grapin, je te prends, à toi je m'attends.

On doit saigner avec un morceau de bois dur, comme du buis ou du poirier ; on tire le sang de telle partie qu'on veut, quoiqu'en disent quelques capricieux, qui affectent de vertus particulières à certaines parties de l'animal. Nous recommandons seulement que quand on tire le sang, que l'animal ait le cul derrière vous. Si c'est, par exemple, un mouton, vous lui tiendrez la tête dans vos jambes. Enfin, après avoir saigné l'animal, vous faites une levée de corne du pied droit, c'est-à-dire que vous lui coupez un morceau de corne du pied droit avec un couteau, vous le partagez en deux morceaux et en faites une croix ; vous mettez cette croisette dans un morceau de toile neuve, puis vous la couvrez de votre sel ; vous prenez ensuite de la laine, si vous agissez sur moutons ; autrement vous prenez du crin, vous en faites aussi une croisette que vous mettez dans votre toile sur le sel ; vous mettez sur cette laine ou crin, une seconde couche de sel ; vous faites encore une autre croisette de cire vierge paschale ou chandelle bénite ; puis vous mettez le restant de votre sel dessus, et nouez le tout en pelote avec une ficelle ; froissez, avec cette pelote les animaux au sortir de l'écurie, si ce sont des chevaux ; si ce sont des moutons, on les frouera au sortir de la bergerie ou du parc, prononçant les paroles qu'on aura employées pour le jet : on continue à frouer pendant 1, 2, 3, 7, 9 ou 11 jours de suite. Ceci dépend de la force et de la vigueur des animaux.

Notez que vous ne devez faire vos jets qu'au dernier mot : quand vous opérez sur les chevaux, prononcez vivement ; quand il s'agira de moutons, plus vous serez long à prononcer, mieux vous ferez ; quand vous trouverez du crin dans les jets de ce recueil, vous ne les devez faire que sur le sel et non ailleurs. Toutes les gardes se commencent le mardi ou le vendredi au croissant de la lune ; et dans un cas pressant, on passe par-dessus ces observations. Il faut bien prendre garde que vos pelotes ne prennent de l'humidité, parce que les animaux périraient. On les porte ordinairement dans le gousset, mais sans vous charger de ce soin inutile, faites ce que font les praticiens experts : Placez-les chez vous en quelque lieu sec, et ne craignez rien. Nous avons dit ci-dessus de ne prendre de la corne que du pied droit pour faire la pelote. La plupart en prennent des quatre pieds, et en font conséquemment deux croisettes, puisqu'ils en ont quatre morceaux. Cela est superflu et ne produit rien de plus. Si vous faites toutes les cérémonies des quatre coins au seul coin du soleil levant, le troupeau sera moins dispersé.

Remarquez qu'un berger mauvais, qui en veut à celui qui le remplace, peut lui causer bien des peines, et même faire périr le troupeau : premièrement, par le moyen de la pelote qu'il coupe en morceaux et qu'il disperse, soit sur une table ou ailleurs, soit par une neuvaine de chapelet, après laquelle il enveloppe la pelote dedans, puis coupe le tout et le disperse, soit par le moyen d'une taupe ou d'une belette, soit par le pot ou tare ou la burette, enfin par le moyen d'une grenouille ou raine verte, ou une queue de morue, qu'ils mettent dans une fourmilière, disant : Maudition, perdition, etc. Ils l'y laissent durant neuf jours, après lesquels ils la relèvent avec les mêmes paroles, la mettant en poudre, en sèment où doit paître le troupeau. Ils se servent encore de trois cailloux pris en différents cimetières : et par le moyen de certaines paroles que nous ne voulons révéler, ils donnent des courantes, causent la gale, et font mourir autant d'animaux qu'ils souhaitent. Nous donnerons ci-après la manière de détruire ces prestiges, par nos manières de rompre les gardes et tous maléfices. Nous nous proposons, pour le même sujet, de réimprimer l'*Enchiridion du Pape Léon*, dans lequel on trouvera bon nombre d'oraisons mystérieuses d'un succès surprenant. (Il faut choisir l'édition de 1740.)

Garde à sa volonté.

Astarin, Astaroth qui est Bahol, je te donne mon troupeau à ta charge et à ta garde ; et pour ton salaire, je te donnerai une bête blanche ou noire, telle qu'il me plaira. Je te conjure, Satarin, que tu me les gardes partout dans ces jardins, en disant hurlupupin,

Vous agirez suivant ce que nous avons dit au château de Belle, et ferez le jet, prononçant ce qui suit :

Gupin ferrant a failli le grand ; c'est Caïn qui te fait ça. Vous les frouerez avec les mêmes paroles.

Autre garde.

Bêtes à laine, je te prends au nom de Dieu et de la très-sainte sacrée Vierge Marie. Je prie Dieu que la saignerie que je vais faire, prenne et profite à ma volonté. Je te conjure que tu casses et brises tous sorts et enchantements qui pourraient être passés dessus le corps de mon vif troupeau de bêtes à laine, que voici présent devant Dieu et devant moi, qui sont à ma charge et à ma garde. Au nom du Père, du Fils et du Saint-Esprit, et de M. St. Jean-Baptiste et M. St. Abraham.

Voyez ci-dessus ce que nous avons dit pour opérer au château de Belle, et vous servez pour le jet et frouer des paroles qui suivent. *Passe Flori,* Jésus est ressuscité.

Garde contre la gale, rogne et clavelée.

Ce fut par un lundi au matin que le Sauveur du monde passa, la Sainte Vierge après lui, M. St. Jean son pastoureau, son ami, qui cherche son divin troupeau, qui est antiché de ce malin claviau, de quoi il n'en peut plus, à cause des trois pasteurs qui ont été adorer mon Sauveur Rédempteur Jésus-Christ en Bethléem, et qui ont adoré la voix de l'enfant. Dites cinq fois *Pater* et cinq fois *Ave*.

Mon troupeau sera sain et joli, qui est sujet à moi. Je prie Madame Ste. Geneviève qu'elle m'y puisse servir d'ami dans ce malin claviau ici. Claviau banni de Dieu, renié de J.-C., je te commande de la part du grand Dieu vivant, que tu aies à sortir d'ici, et que tu aies à fondre et confondre devant Dieu et devant moi, comme fond la rosée devant le soleil. Très-glorieuse Vierge Marie et le Saint-Esprit, claviau sors d'ici, car Dieu te le commande, aussi vrai comme Joseph, Nicodème d'Arimathie a descendu le précieux corps de mon Sauveur et Rédempteur J.-C., le jour du Vendredi Saint ; de l'arbre de la croix, de par le Père, de par le Fils, de par le Saint-Esprit, digne troupeau de bêtes à laine, approchez-vous d'ici, de Dieu et de moi. Voici la divine offrande de sel que je te présente aujourd'hui ; comme sans le sel rien n'a été fait, comme je le crois, de par le Père, etc.

O sel ! Je te conjure de la part du grand Dieu vivant, que tu me puisses servir à ce que je prétends, que tu me puisses préserver et garder mon troupeau de rogne, gale, pousse, de pousset, de gobes et de mauvaises eaux. Je te commande, comme Jésus-Christ mon Sauveur a commandé dans la nacelle à ses Disciples, lorsqu'ils lui dirent : Seigneur, réveillez-vous, car la mer nous effraie. Aussitôt le Seigneur s'éveilla, commanda à la mer de s'arrêter : aussitôt la mer devint calme, commanda de par le Père, etc.

Avant toutes choses, à cette garde prononcez sur le sel : *Panem cœlestem accipiat, sit nomen Domine invocabis*. Puis ayez recours au château de Belle, et faites le jet et les froues prononçant ce qui suit : *Eum ter ergo docentes omnes gentes baptizantes eos. In nomine Patris, etc.*

Garde contre la gale.

Quand Notre-Seigneur monta au ciel, sa sainte vertu en terre laissa Pasle, Colet et Herve ; tout ce que Dieu a dit a été bien dit. Bêtes rousses, blanches ou noires, de quelque couleur que tu sois, s'il y a quelque gale ou rogne sur toi, fut-elle mise et faite à neuf pieds dans terre il est aussi vrai qu'elle s'en ira et mort ira, comme St. Jean et dans sa peau et a été né dans son chameau ; comme Joseph, Nicodème d'Arimathie a dévalé le corps de mon doux Sauveur Rédempteur J.-C. de l'arbre de la croix, le jour du Vendredi saint.

Vous vous servirez, pour le jet et pour les froues, des mots suivants, et aurez recours à ce que nous avons dit au château de Belle.

Sel, je te jette de la main que Dieu m'a donnée. *Volo et vono Baptistæ Sancta Agalatum est.*

Garde pour empêcher les loups d'entrer sur le terrain où sont les Moutons.

Placez-vous au coin du soleil levant, et prononcez-y cinq fois ce qui va suivre. Si vous ne le souhaitez prononcer qu'une fois, vous en ferez autant cinq jours de suite.

Viens bêtes à laine, c'est l'Agneau d'humilité, je te garde, *Ave Maria*. C'est l'Agneau du Rédempteur, qui a jeûné quarante jours sans rébellion, sans avoir pris aucun repos de l'ennemi, fut tenté en vérité. Va droit, bête grise à gris agrippeuses, va chercher ta proie, loups et louves et louveteaux, tu n'as point à venir à cette viande qui est ici. Au nom du Père, et du Fils, et du Saint-Esprit, et du bienheureux Saint Cerf. Aussi, va de retrot, *ô Satana*.[66]

Ceci prononcé au coin que nous avons dit, on continue de faire le même aux autres coins; et de retour où l'on a commencé, on le répète de nouveau. Voyez pour le reste le château de Belle, puis faites le jet avec les paroles qui suivent: *Vanus vanes Christus vaincus*, attaquez sel *soli*, attaquez Saint Sylvain au nom de Jésus.

Les Marionnettes gardes.

Allions-nous, allions-les, marions-nous et marions-les, délions-nous et marions-les à Belzébuth.

Cette garde est dangereuse et embarrassante, ou plutôt son succès est très-incertain; il faut des dispositions d'âme bien pure, pour qu'elle réussisse.

---

66   Cette dernière se veut plutôt: *Vade retro Satana*.

Garde pour les chevaux.

Sel, qui est fait et formé de l'écume de la mer, je te conjure que tu fasses mon bonheur et le profit de mon maître ; je te conjure au nom de Crouay ; Don, je te conjure au nom de Crouay ; Satan, je te conjure au nom de Crouay ; Leot, je te conjure au nom de Crouay ; Valiot, je te conjure au nom de Crouay ; Rou et Rouvayet, viens ici, je te prends pour mon valets. Jet. *Festi Christi* Bélial.

Gardez-vous de dire : Rouvayet, ce que tu feras je le trouverai bien fait ; parce que cette garde est d'ailleurs forte, et quelquefois pénible. Voyez ce que nous avons enseigné au château de Belle, touchant les gardes.

Garde pour le troupeau.

Toutes bêtes ravissantes, qui pourraient attaquer ce vif troupeau de bêtes à laine, qu'elles soient bridées de par *le hoc est enim Corpus meum :* Bêtes à laine, viens à moi, voici une offrande de sel que je te présente, et que je vais te donner, au nom de Dieu et de la Vierge, et de Monsieur St.-Jean : bêtes à laine, viens à moi, et te tourne vers moi ; voilà une offrande de sel béni de Dieu, que je vais te donner, livrer et jeter, au nom de Dieu, de la Vierge et de Monsieur St.-Jean : bêtes à laine, viens à moi, voilà une offrande de sel béni de Dieu, que je te présente et vais livrer et jeter dessus toi. Vif troupeau de bêtes à laine, que voici présent devant Dieu et devant moi, au nom de Dieu et de la Vierge, et de M. St.-Jean que ce sel me les garde saines et nettes, bien buvantes, bien mangeantes, grosses et grasses, basses et ravalées, bien closes et fermées autour de moi, comme est l'agneau de M. St.-Jean ; et à l'honneur de lui, je crois que ce sel me les gardera saines et nettes, bien buvantes et bien mangeantes, grosses et grasses, comme l'agneau de M. Saint-Jean ; je crois que ce sel me les gardera claires et reluisantes, pour complaire à tout le monde, au nom de Dieu et de la Vierge, et de M. St.-Jean : je crois que ce sel me les garantira des loups et louves, et de toutes bêtes ravissantes qui marchent le jour et la nuit. Sel béni de Dieu, je te conjure que tu me le feras ; car j'y crois, au nom de Dieu, de la Vierge et de M. St.-Jean. O grand Dieu, je crois que ce sel me les préservera de rogne, de gale, de clavelé, et de quelque mal qui pourrait arriver dessus le corps de ce vif troupeau de bêtes à laine. Sel béni de Dieu, je crois que tu le feras au nom de Dieu et de la Vierge, et de M. St.-Jean. *Amen*.

Il faut qu'une messe du St.-Esprit ait été dite sur le sel; elle doit être commencée par le *Confiteor*, et continuée jusqu'à la fin. Vous la pouvez dire vous-même. Au reste, vous y procéderez comme au château de Belle, et vous vous servirez des paroles suivantes pour le jet, etc.

Vamus Jesus Christus et memores, attaquez sel *seli*, attaquez St.-Sylvain au nom de Jésus.

Autre garde pour les moutons.

Sel, qui est créé de Dieu et béni de sa très-digne main, je te conjure par le grand Dieu vivant, et de M. St.-Riquier, qui est le combatteur de tous les Diables, je te conjure que tu aies à rompre et corrompre toutes paroles qui ont été dites, lues et célébrées dessus le corps de ce vif troupeau de bêtes à laine, que voici présent devant Dieu et devant moi. Sel qui est créé de Dieu et béni de sa digne main, je conjure, présente et applique sur le corps de ce vif troupeau, que voici présent devant Dieu et devant moi, c'est mon intention et désir, que tu me les gardes saines et nettes, grosses et grasses, rondes; qu'elles soient bien alliées autour de moi, comme la ceinture de la très-sacrée Vierge Marie, quand elle portait le corps de mon doux Sauveur Rédempteur J.-C. *Casta sacravera viga corpus Domini nostri Jesus Christi qui tima menta Deus; in nomine Patri, et Filii, et Spiritus Sancti. Amen.*

Pour l'application, ayez recours à ce qui est enseigné au château de Belle, et vous servez pour le jet et les froues des paroles qui suivent, ou de celles des jets ci-dessus qui vous conviendront, *passe Flori*, Jésus est ressuscité.

Nouvelle garde pour les moutons, enseignée par le savant Bellerot, dans son Traité de la conservation des bêtes à laine.

Procurez-vous un cierge qui aura servi à la première communion paschale d'une jeune fille née de parents sages et vertueux ; allumez-le et le plantez en terre, non loin d'une rivière ou d'un ruisseau, où vous conduirez paître vos moutons ; tracez un grand demi-cercle capable de renfermer votre troupeau, et, pour cela, servez-vous de la baguette mystérieuse dont la composition est indiquée dans le *Véritable Dragon Rouge*, page 18 (édition avec la poule noire).[67] Ceci étant fait, as-

---

67   Chapitre III, page 17, de l'édition Unicursal 2017.

seyez-vous sur un banc de terre que vous aurez disposé à l'avance, et après vous être recommandé à la Très-sainte Trinité, vous ferez les trois appellations marquées dans le *Dragon Rouge*, page 30 [68] et suivantes, ayant soin d'avoir toujours en main la baguette mystérieuse dont il vient d'être parlé afin d'en faire l'usage indiqué.

L'Esprit vous apparaîtra et vous lui commanderez de toucher chacun des moutons présents et de commettre dès-lors et pour toujours à la garde de votre troupeau, un de ses subalternes, ce qu'il fera à l'instant même. (Voyez la figure au commencement de ce volume).

Ce que nous avons donné de gardes, doit suffire pour satisfaire le berger et le palefrenier, puisqu'une garde qui sert à l'un peut servir à l'autre changeant seulement au nom de vif troupeau de bêtes à laine, celui de bêtes cavalines. Toutefois, il est bon de remarquer, que plus une garde est forte et remplie d'ingourmande, mieux elle convient aux chevaux, et plus la garde est douce et saine, mieux elle convient aux moutons. Et pour que le laboureur tire quelque fruit particulier de nos découvertes, nous allons faire suivre une garde qui le regarde en propre. Elle

---

68   Ibid. Page 27 et suivantes.

est d'une ressource infinie pour ceux qui sont proches des garennes et autres terrains où il y a des lapins. Les animaux ne pourront endommager la récolte, observant ce que nous allons enseigner. Au contraire, venant à passer dans les grains qu'on veut garantir, ils y détruiront toutes les mauvaises herbes.

Garde contre les lapins.

Prends du sel dans une assiette ou un plat : la quantité ne peut être fixée, cela dépend de l'étendue du terrain que l'on veut conserver. De plus, ayez des fientes de lapin, et cinq morceaux de tuile ramassées à une procession ou dans un cimetière ; puis étant à la place où vous voulez faire cette expérience, vous la commencerez du côté du soleil levant, tête nue et à genoux ; vous direz ce qui suit et ferez les croix sur le sel :

✠ dant ✠ dant ✠ dant sant ✠ Heliot, et Valiot, Rouvayet, viens ici, je te prends pour mon valet, pour garder ici à ces maudits lapins et lapines, qu'ils aient à passer et repasser au travers de cette pièce (nommez le grain) que voici présent devant Dieu et devant moi, sans faire aucun tort ni dommage ; qu'ils soient bridés de la part de Réveillot ;

car je te fais commandement et te conjure de la part du grand Dieu vivant, de m'obéir, toi et tes camarades, à ce que je vais te demander; c'est de garder pendant trois mois et trois lune à cette pièce N. que voilà ici présent devant Dieu et devant moi, comme ainsi je le crois par la croyance que j'ai en toi. Ainsi, je le crois que tu le feras; ainsi je le crois par la vertu de ce sel béni de Dieu, et des tuiles et fientes desdites bêtes maudites, lapins et lapines; ainsi je le crois par toutes les forces et puissances que tu peux avoir sur eux; ainsi je le crois.

Faites un trou en terre, posez dedans une fiente, disant: Rou et Rouvayet, viens ici, je te prends pour mon valet.

Posez sur la fiente une pincée de sel, disant: Sel, je te mets, de la main que Dieu m'a donnée, Rou et Rouvayet, viens ici, je te prends, pour mon valet.

Posez ensuite un tuilot, disant: Tuilot, je te pose de la main que Dieu m'a donnée.

Frappez du talon gauche sur le tuilot, faisant un tour à droite, disant: Rou et Rouvayet, viens ici, je te prends pour mon valet.

On en fait autant aux trois autres coins, puis on traverse au milieu de la pièce, où l'on fait comme à un des coins puis de ce milieu, on revient au premier coin pour y commencer vos jets ; au premier vous dites : Sel, je te jette de la main que Dieu m'a donnée, ancre à la Vierge.

Vous continuez vos jets autour de la pièce, disant seulement : Après le premier ancre à la Vierge.

Etant de retour où vous avez commencé, vous prenez le restant de votre sel et en faites un seul jet, disant : Rou et Rouvayet, viens ici, je te prends pour mon valet.

Si le terrain est divisé en différentes parcelles et différents grains, il faut faire les mêmes cérémonies à chaque pièce ; au lieu de trois mois et trois lunes, vous en nommez ce qu'il vous plaît.

Vous trouverez des gardes d'un autre genre, dans les *Œuvres magiques d'Agrippa*, imprimées à Rome en 1744 et où l'on trouve le secret de la *Reine des Mouches velues*.

Pour arrêter chevaux et équipages.

Tracez sur du papier noir, avec de l'encre blanche, le pantacle[69] figuré sur le titre de ce livre imprimé en 1760 ; jetez ce pantacle ainsi tracé à la tête des chevaux, et dites :

---

69   Pentacle de la page 119.

Cheval blanc ou noir, de quelque couleur que tu puisses être, c'est moi qui te le fais faire, je te conjure que tu n'aies non plus à tirer de tes pieds comme tu fais de tes oreilles, non plus que Béelzébuth peut rompre sa chaîne.

Il faut, pour cette expérience, un clou forgé pendant la messe de minuit, que vous chasserez par où le harnais passe. A son défaut on prend un mâlon que l'on conjure comme il suit :

Mâlon, je te conjure au nom de Lucifer, Belzébuth et de Satanas, les trois Princes de tous les diables, que tu aies à t'arrêter.

Pendant les trois jours avant celui où vous voudrez faire cette expérience, vous aurez soin de ne faire aucune œuvre chrétienne.

Contre Charme.

Hostia sacra verra corrum, en dépoussant le grand diable d'enfer, toutes paroles, enchantements et caractères qui ont été dits, lus et célébrés sur le corps de mes vifs chevaux, qu'ils soient cassés et brisés en arrière de moi.

Après cela vous réciterez l'oraison qui commence par ces mots : *Verbe qui avez été fait chair,* etc., et que vous trouverez dans l'*Enchiridion Léonis papæ*, édition de 1740. [70]

Pour que les agneaux reviennent beaux et bien forts.

Prenez le premier né ; à son défaut le premier venu ; élevez-le de terre le nez vers vous, puis dites : *Ecce lignum crucem in quo salus mundi crucem.*

Remettez-le par terre, relevez-le et dites comme dessus ; faites de même jusqu'à trois fois. Cela fait, vous prononcerez tout bas l'oraison du jour où l'on sera, et qui se trouve dans l'*Enchiridion du pape Léon.* [71]

Contre l'arme à feu.

Astre qui conduit l'arme aujourd'hui, que je te charme gige, te dis-je, que tu m'obéisses ; au nom du Père, et du Fils, et Sanatatis ; faites un signe de croix. Voyez aussi les pages 53 et 57. [72]

---

70   *Enchiridion du Pape Léon*, ed. 1660, page 20. Unicursal 2017.

71   Ibid. *Les Sept Oraisons Mystérieuses*, page 26 et suiv.

72   Ibid. Page 93.

Contre le bouquet chancreux.

On prend le premier mouton venu attaqué dudit mal. Etant tourné du côté du soleil levant, on lui ouvre la gueule, et on prononce dedans trois fois les paroles qui suivent :

Brac, Cabrac, Carabra, Cadebrac, Cabracam, je te guéris.

Soufflez dans la gueule du mouton à chaque fois, et le jetez parmi les autres. Ils seront tous guéris. Il faut faire autant de signes de croix comme il y en a de marqués.

Contre les avives et tranchées rouges des chevaux.

Cheval (nommez le poil) appartenant à N., si tu as les avives, de quelque couleur qu'elles soient, et tranchées rouges ou trancherons, ou de trente-six sortes d'autres maux, en cas qu'ils y soient, Dieu te guérisse et le bienheureux Saint-Eloi : au nom du Père, et du Fils, et du Saint-Esprit ; puis dire cinq fois *Pater* et cinq fois *Ave*, etc., à genou.

Aussitôt après avoir prononcé ces paroles, si le cheval a les avives, il faut lui injecter avec une seringue, dans le gosier la décoction suivante :

Prenez fleurs de sureau, de camomille, une poignée de chaque ; faites-le bouillir légèrement dans deux pintes d'eau, passez le tout et ajoutez-y une demi once de sel ammoniac, trois onces de sirop anti-scorbutique et une demi pinte de vinaigre. Vous réitérerez les paroles et les injections plusieurs fois par jour.

S'il est attaqué de tranchées rouges, en place du remède ci-dessus, vous emploierez le suivant :

Après avoir fait saigner le cheval, vous lui ferez avaler une livre d'huile d'olive, et vous lui donnerez des lavements de graine de lin.

Pour guérir la foulure et l'entorse des chevaux.

Atay de satay suratay avalde, marche. Il faut le répéter trois fois, frappant le sabot du cheval. Si c'est du côté du montoir, frappez du pied gauche.

Appliquez en même temps autour du boulet une compresse de vinaigre dans lequel vous aurez fait bouillir de la sauge et du romarin : il faut renouveler cette compresse chaque fois qu'elle se refroidit. Vous ferez bien aussi de faire saigner l'animal au cou.

Pour empêcher un troupeau de toucher au grain, passant entre deux raies.

Prenez une pièce d'argent, pendez-la au cou d'un des moutons, disant neuf fois ce qui suit :

Satan, Satourne, parlant de Gricacœur da voluptere Seigneur de Nazariau ; je te requiers et commande, et conjure humblement, que tu aies à venir garder et passer mon vif troupeau de bêtes à laine le soir, le jour et le matin, en disant hurlu-pupin.

Nous ne voulons rien dire de plus sur ces paroles d'ingourmande.

Pour faire passer le lévretin.

Prenez la bête affligée et lui dites trois fois sur la tête les paroles qui suivent :

In tes dalame bouis, vins Divernas Satan.

Contre le godron.

Prenez de l'eau bénite avec le bout du doigt, et touchant les dessous des mâchoires, dites :

✠ *Christus Brutus et datus et vanum.*

Contre la gale et le haut toupin des animaux.

Gupin, ferrant a failli le grand, c'est Caïn qui te fait ça.

Prenez fleur de soufre avec huile et une pincée de sel, faites du tout un onguent dont vous frotterez les animaux, prononçant les paroles ci-dessus. Réitérez jusqu'à guérison.

Contre les hémorroïdes.

Prenez du doigt du milieu de la main gauche, de la salive à votre bouche, et en touchez les hémorroïdes, disant:

Broches, va-t'en, Dieu te maudit; au nom du Père, du Fils, et du Saint-Esprit.

Après quoi dites neuf fois *Pater* et *Ave* pendant neuf jours: le second on n'en dira que huit, et l'on diminuera chaque jour, suivant l'ordre, le retour.

Deux fois par jour, il faut frotter les hémorroïdes avec du beurre frais dans lequel vous aurez fait cuire de la seconde écorce du sureau.

Contre l'épilepsie ou mal caduc.

Placez l'épileptique dans un lieu bien aéré, frottez-lui les avant-bras et dites dans son oreille droite : *Oremus præceptis salutaris moniti.*

Ajoutez l'Oraison Dominicale. Avant que ces prières soient achevées, le malade se relève.

Un remède souverain contre le mal caduc, est l'eau qui découle par incision faite dans un tilleul au mois de février ; on le donne chaque fois à la quantité de trois onces.

FIN.

ADDITIONS
DES PLUS PRÉCIEUSES.

Nous avons pensé que ce serait ajouter au mérite de ce volume que de le terminer par la reproduction de quelques secrets qui étaient possédés par une famille qui se faisait distinguer par sa piété. Nous croyons pouvoir affirmer que beaucoup de personnes se sont bien trouvées d'en avoir usage.

REMÈDES DE FAMILLE.

Contre l'hydropisie.

Prends une poignée de la plante appelée la Reine des prés ; fais infuser dans une pinte d'eau bouillante ; adresse une prière fervente à Saint-Eutrope, premier évêque de Saintes, puis bois trois tasses de cette infusion, une le matin, une à midi et une le soir, une heure avant de manger. Recommence chaque jour et pendant une quinzaine, faisant ta prière avant de boire, et tu seras guéri immanquablement.

Contre les coupures.

Lorsqu'elles n'ont pas atteint une grosse veine, laisse couler un peu, afin de dégorger les petites veines qui se trouveront près de la coupure.

Ceci fait, lave avec de l'eau fraîche, en disant un *Pater* et un *Ave*, en l'honneur de St.-Antoine et de Ste. Isabelle, puis mets dessus de la toile d'araignée ou de l'amadou, ou des étoupes purgées de tous brins de paille.

Lorsque l'hémorragie sera arrêtée ; lave avec de l'eau tiède mélangée d'un peu de bonne eau-de-vie, rapproche les chairs de la coupure, place dessus une feuille de valériane, entoure d'un linge et sois certain de la guérison.

Contre les paillettes de fer entrées dans les yeux.

S'il t'arrive d'avoir dans les yeux une paillette de faire ou un de ces petits grains de faire provenant de la limaille, ce qui est fréquent chez les forgerons et les serruriers, fais en sorte de ne point bouger ni fermer et ouvrir les yeux avant d'avoir prononcé ou fait prononcé par une personne qui se tiendra auprès de toi, l'oraison suivante, adressée à Ste. Claire, Vierge dont on célèbre la fête le 12 Août : « Bien heureuse Sainte-Claire, qui « êtes morte dans des sentiments de piété si purs « et si sincères que Dieu a voulu que vous soyez « canonisée, faites que, par votre efficace interces- « sion, j'obtienne la prompte guérison des maux

« que j'endure. » — Durant cette prière, tu te seras procuré un fort aimant, tu te feras maintenir
les paupières ouvertes par une personne, tandis
qu'une autre personne promènera l'aimant aussi
près que possible de ton œil.

Si ta prière à Sainte-Claire a été fervente ce
moyen réussira sans aucun doute. A défaut d'aimant, roule un morceau de papier blanc de manière à ce que d'un côté il forme pointe, qu'avec
cette pointe, la personne ramène la paillette ou le
grain de fer bien doucement vers le coin de l'œil
et l'enlève.

Contre le doigt blanc.

Tout le monde sait combien cette maladie est
douloureuse, et combien il est dangereux de ne
pas songer de suite à la faire disparaître.

Aussitôt qu'on s'aperçoit que le bout du doigt
gonfle et s'enflamme, il faut prendre un jaune
d'œuf, le battre avec une demi-pincée de sel, en
couvrir la partie malade au moyen d'un linge
plié en plusieurs doubles, sur lequel on répandra
ce jaune d'œuf ainsi préparé, et fixer avec une
bande de toile roulée sur la tumeur.

Ceci fait, prends un coq blanc, consacre le
à St.-Pierre, en le lui offrant avec une fervente

prière, lui demandant soulagement. Vingt-quatre heures après, si ta prière a été entendue, il se sera formé au bout du doigt et près de l'ongle, une petite cloche remplie d'eau, que tu perceras, tu seras soulagé et la guérison ne se fera pas attendre longtemps.

Tu devras conserver le coq blanc qui ne devra ni être tué ni être vendu, si tu veux éviter le retour de ton mal.

Contre les hémorragies et pertes de sang.

Toutes les personnes pieuses ont recours à Saint Raymond de Pégnafort, lorsqu'elles sont atteintes d'une hémorragie, et souvent leurs prières sont couronnées d'un plein succès.

Mais comme, sans la Foi, rien n'arrive à bien, il s'est trouvé que plusieurs n'ont pas eu leurs prières exaucées; aussi, pour ceux-là, convient-il de leur donner des remèdes matériels; nous allons leur faire connaître ceux qui ont jusqu'ici été plus efficaces.

Lorsqu'il s'agit d'un saignement de nez, il ne faut point l'arrêter, à moins qu'il dure trop longtemps. Pour le faire cesser, il existe plusieurs moyens. Le premier consiste à introduire dans les narines un peu de charpie imbibée d'eau d'alun ;

le second tient à faire respirer du vinaigre mélangé d'eau, en même temps qu'on applique sur les tempes des compresses imbibées du même mélange : le troisième et le plus facile, c'est d'appliquer sur le dos entre les deux épaules, une clé de moyenne grandeur.

Pour ce qui est des hémorragies intérieures, les plus dangereuses de toutes, si l'on n'a pas la possibilité de recourir immédiatement au conseil de médecin, il faut prendre des pilules d'alun, grosses comme un pois, une toute les deux heures.

Contre les diarrhées opiniâtres.

Faites bouillir dans un demi-litre de lait huit à dix feuille de plantain, passez et sucrez ; prendre le matin à jeun en trois doses, chaud, à la distance d'une heure. Souvent le premier jour la diarrhée cesse ; il est cependant convenable d'en continuer l'usage plusieurs jours de suite.

L'eau de chaux est aussi bien favorable, dans cette même affection, à la dose de trois demi-verres par jour, coupée avec partie égale de lait sucré, savoir : un au matin, à midi et le soir.

*
**

OBSERVATION. En consultant les renseigne-
ments donnés par la page ci-après, on éviterait
très-souvent de cruelles erreurs.

RAPPORT DES POIDS ANCIENS AVEC DES POIDS DÉCIMAUX.

La *livre* ancienne vaut . . . . . 500 grammes.
L'*once* . . . . 32 —
Le *gros* . . . . 4 —
Le *grain* . . . . 0.5 centigr.
Le *litre* . . . . 1 . kilog.
Le *demi-litre* ou *chopine* . . . . . 500 grammes.
Le *quart de litre* ou *demi-setier* . . 250 —
Le *verre* ou la *verrée* . . . 100 à 125 —
La *cuillerée à bouche* . . . . 15 —
La *cuillerée à café* . . . . 4 —
Le *goutte* . . . . 0.5 centigr.
Une *poignée* ; c'est ce qui peut tenir dans la main ;
elle équivaut à 2[00] ou 300 grammes. On
prescrit ainsi les substances végétales peu
actives.
Une *pincée*, c'est ce qu'on peut prendre entre
le pouce et l'indicateur : répond à quelques
grammes.

RAPPORT DES DOSES DES MÉDICAMENTS.

Les doses des médicaments sont ordinairement prescrites pour vingt-quatre heures.

D'après Gaubius[73], la dose d'un médicament donné à un adulte étant 1, elle sera pour un individu :

de 1 an :	1/15 à 12		de 7 ans :	1/3
2	1/8		14	1/2
3	1/6		20	2/3
4	1/4		20 à 60	1

Les doses sont généralement plus faibles pour les femmes que pour les hommes, pour les vieillards de soixante-quinze à quatre-vingt ans.

Les doses que nous indiquons dans *la Santé* sont celles des adultes.

---

73   Hieronymus David Gaubius (1705-1780) était un médecin et chimiste allemand, professeur à l'Université de Leiden.

AUTRES ADDITIONS.

Nous ajouterons aux secrets de famille qui précèdent, ceux que nous avons pu recueillir au moyen de recherches incessantes, mais que ceux qui ont bien voulu nous les communiquer n'ont pas accompagné de pieuses recommandations. — Afin de suppléer à une omission regrettable, nous engageons nos lecteurs à demander à leur patron ou à la Sainte Vierge de vouloir bien intercéder auprès de Dieu pour obtenir que les remèdes qu'ils vont employer soient aussi efficaces qu'ils le désirent.... La prière n'a pas toujours été exaucée ; mais elle n'a jamais empiré la situation d'un malade, et dans tous les cas elle a déterminé sa patience et a doublé son courage par l'espérance.

Remède contre la goutte.

Prendre tous les soirs avant de se coucher, trois heures après un léger repas, un bain de pieds dans une décoction prolongée de fleurs de frêne et de sureau (une poignée de chaque). Ce remède enlève promptement les douleurs.

Remède contre la piqûre des abeilles.

Le jus des baies de chèvrefeuille fait instantanément cesser la douleur et la tuméfaction causées par les piqûres d'abeilles.

Il serait donc prudent de planter des chèvrefeuille dans le voisinage des ruches.

Contre la colique.

Faire bouillir dans du lait une grosse poignée de bouillon blanc pour en faire une emplâtre qu'on applique sur le ventre du malade, aussi chaud qu'il peut le supporter. Ordinairement le patient ne tarde pas à s'endormir, et il se trouve guéri à son réveil.

Contre le choléra.

Il a été employé avec le plus grand succès dans plusieurs occasions, par les habitants des environs de Lorient (Morbihan).

Ce n'est pas autre chose qu'un bol de lait doux, dans lequel on met un petit verre d'huile d'olive et un petit verre d'eau-de-vie.

On se met au lit, on se couvre bien, et une

abondante transpiration ne tarde pas à arriver ; c'est cette réaction qui donne la guérison.

Contre la jaunisse.

On guérit en trois ou quatre jours cette maladie, en buvant tous les jours une pinte de tisane faite avec les carottes, la turquette et la fleur de sureau sucrée.

Contre les douleurs de dents.

Aspirer à plusieurs reprises de l'eau-de-vie qu'on place dans le creux de la main, et qu'on renifle par la narine du côté où se trouve la dent gâtée, ce qui produit une métastase de laquelle résulte la cessation immédiate de la douleur.

Contre le mal de mer.

Un vieux voyageur qui a parcouru toutes les contrées du globe nous a indiqué un préservatif dont il a souvent fait l'expérience, non pas sur lui, il n'en avait pas besoin, mais sur des personnes délicates et nerveuses.

Ce préservatif est des plus simple à préparer. Il s'agit de se procurer une bonne poignée de sel marin. Pour le purger de toute humidité, on le jette sur une poêle que l'on fait passer sur un feu doux. Quand le sel est parfaitement sec, on le laisse refroidir et on l'étend dans un sachet de mousseline ou de toile fine, de la longueur et de la largeur de la main. On place le sachet sur le creux de l'estomac au moment de s'embarquer.

Recette pour prolonger la vie.

Les moyens suivants, pour reculer l'existence, ont été communiqués au comte Stanislas Kossakowski par les centenaires qui les ont employés. On sait que les pays du Nord sont ceux où l'on atteint la vieillesse la plus reculée.

I. Infusion ou décoction de feuilles de frêne, prise le matin en guise de thé.

Le centenaire qui prenait cette décoction tous les jours avaient été goutteux à cinquante ans. Nous avons déjà maintes fois parlé de l'emploi des feuilles de frêne contre le rhumatisme chronique et la goutte. L'expérience d'ailleurs, démontre que ces feuilles tiennent le ventre libre, ce qui est un bon remède préventif des congestions chez les vieillards. La dose est 8 grammes de feuilles par litre d'eau.

II. Se brosser, matin et soir, l'estomac, puis ensuite les pieds avec une brosse assez dure.

(Communiqué par un militaire centenaire).

III. Prendre, chaque matin, une décoction de racine d'angélique.

(Communiqué par un homme du peuple qui avait plus de cent ans).

IV. Prendre tous les jours une petite tasse de décoction de trèfle d'eau.

(Communiqué par une vieille dame centenaire).

Le trèfle d'eau ou ményanthe est un de nos meilleurs amers indigènes. La dose est de 4 à 8 grammes pour un demi-litre d'eau bouillante. On laisse infuser jusqu'à refroidissement.

Contre la sueur des pieds.

On s'essuie les pieds avec un linge sec en sortant du lit, et, lorsqu'ils sont encore en moiteur, on passe dessus une petite éponge imbibée d'eau-de-vie.

AVIS ESSENTIEL

Nous recommandons aux amateurs des sciences surnaturelles, la lecture des ouvrages ci-après ; ils pourront en retirer un grand avantage :

Les Admirables Secrets d'Albert le Grand.

Le Véritable Dragon Rouge (l'édition avec la Poule noire).

L'Enchiridion Léonis Papæ (l'édition de Rome 1720).

La Véritable Magie Noire, imprimée en 1750.

Les Œuvres magiques de Henri Corneille Agrippa, où se trouvent le secret de la *Reine des Mouches velues.*

Les Secrets merveilleux de la Magie naturelle du petit Albert.

Trésor du vieillard des Pyramides, véritable science des talismans, avec la Chouette noire, oiseau merveilleux qui fait découvrir tout ce que la terre renferme de précieux.

Petit Secret de la Baguette divinatoire, pour trouver les choses les plus cachées.

La Magie Rouge, crème des sciences occultes naturelles ou divinatoires,

L'Avenir dévoilé, ou l'astrologie l'horoscopie, et les divinations anciennes expliquées par les devins du moyen-âge.

Les Éléments de Chiromancie, ou l'art d'expliquer l'avenir par les lignes et les signes de la main.

Manuel complet du Démonomane, ou les ruses de l'enfer dévoilées.

Philactères ou préservatifs contre les maladies, les maléfices et les enchantements, exorcismes ou conjurations, etc., etc.

Les Sciences occultes ont donné lieu à la publication de plusieurs autres ouvrages dont le mérite est plus ou moins justifié, mais nous pensons devoir nous abstenir de les indiquer, d'abord parce que leur rareté les rend presque introuvables, et ensuite parce que peu de personnes ont été mises à même d'en vérifier l'utilité pratique.

Cependant nous ne saurions résister au plaisir de mettre nos lecteurs à même de profiter d'un de ces heureux hasards qui pourrait leur faire rencontrer celui de ces ouvrages qui a concouru à faire jouir d'une grande somme de bonheur, plusieurs des plus fervents adeptes de la philosophie d'Olivarès.

Ce livre très-ancien a pour titre : RECUEIL DES PLUS GRANDS SECRETS, décrits par le philosophe Olivarès, familier de la compagnie de Jésus, à la résidence de Goa.

FIN.

Appendice 3 — *Rome 1670*

Autres Secrets

Ne figurant pas dans l'édition de Rome 1760.

Prenez la cervelle d'un coq, de la poudre du sépulcre d'un homme mort, c'est-à-dire, de la poussière qui touche le coffre, de l'huile de noix, de la cire vierge ; faites du tout une composition, que vous envelopperez dans du parchemin vierge, dans lequel sera écrit ces deux mots : Gomert Kailoeth, avec le suivant caractère [74] ;

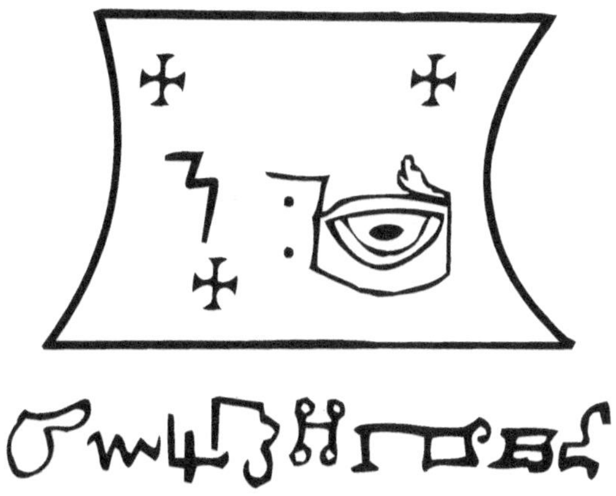

---

74   Dessous le caractère, une variation provenant d'une autre source, cependant, incertaine.

brûlez le tout, et vous verrez des choses prodigieuse : mais ceci ne doit être fait que par des
gens qui n'ont peur de rien.

Pour faire venir trois Demoiselles ou trois Messieurs dans sa chambre, après souper.

PRÉPARATION.

Il faut être trois jours sans tirer de mercure, et
vous lèverez : le quatrième, vous nettoierez et
préparerez votre chambre dès le matin, sitôt que
vous serez habillé, le tout à jeun, et vous ferez en
sorte qu'on ne la gâte point dans le reste de la
journée, et vous remarquerez qu'il faut qu'il n'y
ait rien de pendu ou de croché, comme tapisse-
ries, habits, chapeaux, cages à oiseaux, rideaux
de lit, etc., et surtout mettez des draps blancs à
votre lit.

CÉRÉMONIE.

A la fin du souper, vas secrètement à ta
chambre, préparée comme dessus ; fais bon feu ;
mets une nappe blanche sur la table, trois chaises
autour, et vis-à-vis des sièges, trois pains de fro-

ment, et trois verres pleins d'eau claire et fraîche ; puis mets une chaise ou un fauteuil à côté de ton lit, ensuite couche-toi, et dis les paroles suivantes :

CONJURATION.

Besticirum confolatio veni ad me vertu Creon, Creon, Creon, cantor Laudem omnipotentis et non commentur. Star superior carta bient Laudem omviestra principiem da montem et inimicos meos ô prostantis vobis et mihi dantes quo passium fieri sui cisibilis.

Les trois personnes étant venues, s'assoiront auprès du feu, buvant, mangeant et puis remercieront celui ou celle qui les aura reçus : car si c'est une Demoiselle qui fait cette cérémonie, il viendra trois Messieurs ; et si c'est un homme, il viendra trois Demoiselles. Ces trois personnes tireront au sort entr'elles, pour savoir celle qui demeurera avec soi : elle se mettra dans le fauteuil ou la chaise que tu leur auras destinée, auprès de ton lit, et elle restera à causer avec toi jusqu'à minuit ; et à cette heure, elle s'en ira avec ses compagnes, sans qu'il soit besoin de les renvoyer. A l'égard des deux autres, elles se tiendront auprès du feu pendant que l'autre t'entretiendra ; et pendant qu'elle sera avec toi, tu peux l'interroger sur tel art ou telle science, et telle chose que tu voudras ; elle te rendra sur le champ réponse positive. Tu peux aussi lui demander si elle sait quelque trésor caché, et elle t'enseignera le lieu, la place, et l'heure commode pour le lever, même s'y trouvera avec ses compagnes pour te défendre contre les atteintes des Esprits infernaux qui pourroient en avoir la possession ; et en partant d'auprès de toi, elle te donnera un anneau, qui te rendra fortuné au jeu en le portant à ton doigt ; et si tu le mets au doigt d'une femme ou fille, tu en jouiras sur le champ.

Nota. — Que tu dois laisser la fenêtre ouverte, afin qu'elle puisse entrer. Tu pourras répéter cette même cérémonie tant de fois que tu voudras.

Pour faire venir une fille vous trouver, si sage soit-elle : expérience d'une force merveilleuse, des Intelligences supérieures.

Il faut remarquer au croissant, ou au décours de la lune, une étoile très brillante entre onze heures et minuit ; mais avant de commencer, faites ce qui suit.

Prenez du parchemin vierge, écrivez dessus le nom de celle que vous voulez faire venir. Il fau-

dra que le parchemin soit taillé de la façon repré-
sentée, ligne première de la présente figure. [75]

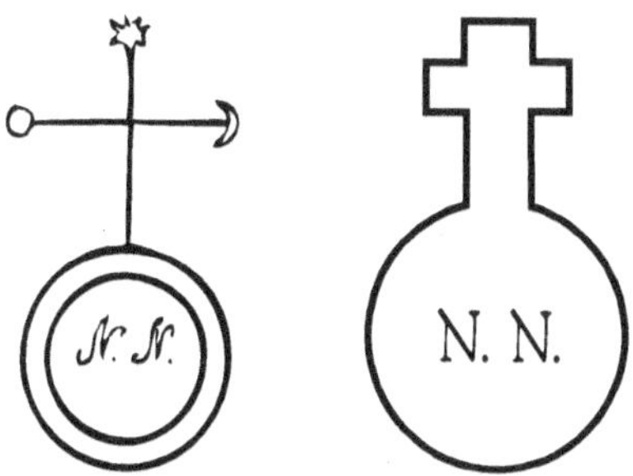

Les deux NN. marque la place des noms.
De l'autre côté, vous écrirez ces mots : *Machidael
Bareschas* ; puis vous mettez le parchemin par
terre, le nom de la personne contre terre, le pied
droit dessus et le genou gauche à terre ; lors regardant la plus brillante étoile, faut en main droite
une chandelle de cire blanche qui puisse durer
une heure ; vous direz la salutation suivante.

CONJURATION.

Je vous salue, et conjure, ô belle lune et belle
étoile, ainsi que la brillante lumière que je
tiens a la main, par l'air qui est en moi, et par la

---

75   La première figure provient du Rome 1670, tandis
que la seconde variation est tirée du *Dragon Noir.*

terre que je touche. Je vous conjure, par tous les noms des Esprits Princes qui président en vous, par le nom ineffable *On*, qui a tout créé, par toi bel Ange Gabriel avec le Prince Mercure, Michael et Melchidael. Je vous conjure derechef par tous les divins noms de Dieu que vous envoyiez obséder, tourmenter, travailler le corps, l'esprit, l'âme et les cinq sens de N. dont le nom est écrit ci-dessous ; de sorte qu'elle vienne vers moi et accomplisse ma volonté, qu'elle n'ait d'amitié pour personne du monde, en particulier pour N. tant qu'elle aura d'indifférence pour moi ; qu'elle ne puisse durer, qu'elle soit obsédée, qu'elle souffre et soit tourmentée. Allez, donc, promptement Melchidael, Bareschas, Zazel, Tiriel, Malcha et tous ceux qui sont sous vos ordres. Je vous conjure, par le grand Dieu vivant, de l'envoyer promptement pour accomplir ma volonté. Moi N. je promets de vous satisfaire.

Après avoir prononcé trois fois cette conjuration, mettez la bougie sur le parchemin et la laissez se consumer. Le lendemain, prenez ledit parchemin et le mettez dans votre soulier gauche, et l'y laissez jusqu'à ce que la personne pour laquelle vous avez opéré soit venue vous trouver. Il faut spécifier dans la conjuration, le jour que vous souhaitez qu'elle vienne, et elle n'y manquera pas.

Pour éteindre le feu d'une cheminée.

Faites sur la cheminée avec un charbon les caractères et mots de la troisième ligne de la planche ci-devant, et prononcez trois fois les paroles qu'elle contient.

Pour se rendre invisible.

On commence cette opération un mercredi, avant le soleil levé, étant muni de sept fèves noires, puis on prend une tête de mort ; on met une fève dans la bouche, deux autres dans les narines, deux autres dans les yeux, et deux dans les oreilles : on fait ensuite sur cette tête le caractère de la présente figure ligne 1[76], puis on enterre

---

76   On reconnaît ici deux des trois petits Pentacles de Salomon que l'on retrouve à la fin du Ms. 2494.

cette tête la face vers le ciel; arrosez-la pendant neuf jours avec d'excellente eau-de-vie, le matin lorsque soleil levé. Au huitième jour, vous y trouverez l'Esprit ajourné, qui vous demandera que fais-tu là ? Vous lui répondrez, j'arrose ma plante.

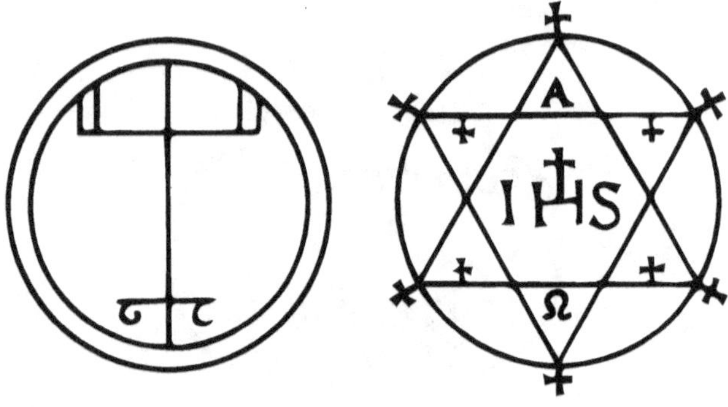

Il vous dira, donne-moi cette bouteille, je l'arroserai moi-même; vous lui répondrez que vous ne voulez pas. Il vous la redemandera encore; vous la lui refuserez, jusqu'à ce que, tendant la main, vous lui verrez dedans la figure semblable à celle que vous avez faite sur la tête, qui sera pendante au bout de ses doigts. En ce cas, vous devez être assuré que c'est bien l'Esprit véritable de la tête: car quelqu'autre vous pourroit surprendre, dont il vous arriveroit du mal et votre opération deviendroit infructueuse. Quand vous aurez donné votre fiole, il arrosera lui-même et vous en irez. Le lendemain, qui est le neuvième jour, vous y retournerez ; vous y trouverez vos fèves mûres ; vous les prendrez ; vous en mettrez une dans votre bouche, puis vous vous regarderez dans un miroir ; si vous ne vous y voyez pas, elle sera bonne. Vous en ferez de même de toutes les autres ; ou les éprouvant dans la bouche d'un enfant, toutes celles qui ne vaudront rien doivent être enterrées où est la tête.

Pour faire venir une personne.

Fagot brûle le cœur, le corps, l'âme, le sang, l'esprit, l'entendement N. par le feu, par le ciel, par la terre, par l'arc-en-ciel, par Mars, Mercure, Vénus, Jupiter, Feppé, Feppé, Feppé, Elera, et au nom de tous les Diables, Fago, possede, brûle le cœur, le corps, l'âme, le sang, l'esprit, l'entendement N. jusqu'à ce qu'il vienne accomplir tous mes désirs et volontés. Va en foudre et en cendre, et en tempête, Santos, Quisor, Carracos, Arné, Tourne, qu'il ne puisse dormir, ni en place demeurer, ni faire, ni manger, ni rivière passer, ni à cheval monter ; ni homme, ni femme, ni fille parler jusqu'à ce qu'il soit venu pour accomplir tous mes désirs et volontés.

Pour faire danser une fille nue.

Ecrivez sur du parchemin vierge, le premier caractère de la présente figure,[77] avec le sang de chauve-souris, puis la mettez sur la pierre bénite, pour qu'une Messe soit dite dessus.

Après quoi, quand vous voudrez vous en servir, placez ce caractère sous le seuil de la porte où doit passer la personne. A peine aura-t-elle fait ce trajet que vous la verrez entrer en fureur, se déshabillant toute nue, et dansera jusqu'à la mort, si l'on n'ôte pas le caractère, avec des grimaces et contorsions qui feront plus de pitié que d'envie.

---

77   Le *Dragon Noir*, lequel contient le même secret, indique plutôt la figure 21 de la planche IX.

Pour empêcher une personne de dormir toute la nuit, et faire qu'il ne repose point qu'il ne vous ait parlé, encore qu'il vous voulût un mal mortel, et qu'il fût bien loin de vous.

La nuit dont vous voudrez faire ce secret, couchez-vous le dernier de la maison ; avant de vous mettre au lit, vous aurez préparé du feu au foyer, et particulièrement qu'il y ait un tison de bois allumé, étant contre la cheminée, vous mettez la pomme de la main gauche dans un endroit de la cheminée, qu'il soit noir et fumé, la tenant fermée et ouverte, vous direz par sept fois ces paroles : *Cinque furono li appicati, linque, linque furono li tana liati vi scongiro per Béelzebut che linque vi fate ache date a tormentar il cuore et le visuere* (d'un tel N. ou d'une telle) pour mon amour. *Amen.*

Après les avoir dites sept fois, enfoncez le tison bien avant dans les braises, et battez trois fois de la pomme de la main contre le noir de la cheminée, et couvrez votre feu de cendres, et vous allez coucher ; vous verrez que celui ou celle à l'intention duquel vous l'aurez fait, ne pourra vivre ni durer jusqu'à ce qu'il vous ait rendu satisfaction de ce que vous désirez.

Celui-ci est un des rares secrets que la Nécromancie ait inventé.

Pour jouir de celle que tu voudras.
Secret du Père Girard.

Sois trois jours sans extraire de mercure avant que d'avaler une muscade ; le quatrième jour, à jeun, tu diras ; à Dieu, le *torum cultin, cultorum, bultin bultotum*, approche-toi de moi, ma compagne. Il faut avaler la muscade, en disant : Approche, etc.

Cela fait, quand vous irez à la selle, ne vous embarrassez point de la muscade. Ce secret sert toute la vie sans être obligé de réitérer. On doit seulement dire les trois derniers mots en soufflant au nez, ou en embrassant toutes celles dont on voudra être aimé.

Pour empêcher un chien de mordre ou d'aboyer.

Dites trois fois, regardant le chien : L'arc barbare, le cœur se fend, la queue se pend, la clef de St.-Pierre te ferme la gueule jusqu'à demain.

Pour éviter de souffrir à la Question.

Avalez un billet où soit écrit ce qui suit de votre propre sang : Aglas, Aglanos, Algadenas, Imperiequeritis, *tria pendent corpora tamis dis meus et gestas in medio et divina potestas dimeas clamator, sed jestas ad astra levatur*, ou bien Tel, Bel, Quel, Caro, Mon, Aqua.

Secrets et contre-charmes, par Guidon, Praticien dans les guérisons par voie occulte.

Les secrets qui vont suivre sont aussi sûrs qu'immanquables :

Guidon, qui les pratique journellement, a fait, par leur moyen, des cures qui prouvent qu'on est hors d'état d'en pouvoir douter. Tout le pays de Caux et la Normandie en sont convaincus : il fait ses expériences en public comme en particulier ; guidé par un zèle de charité, il entreprend, avec le même courage, l'indigent comme l'opulent ; par ce moyen, il s'est acquis l'estime et la protection de ce qu'il y a de gens respectables à sa connoissance ; il travaille sans relâche aux destructions magiques, et regarde avec horreur les auteurs maléfiques.

Pratique de Guidon, quand il s'agit de déposséder.

Les anciens rituels lui sont d'une grande ressource, il n'y omet ni Conjurations, Exorcismes, Evangiles, ni Oraisons ; il supprime seulement, pour les animaux irraisonnables, les endroits où il est parlé des morts aux signes de Croix ; il se sert d'eau bénite, le plus souvent d'eau baptismale, dont il fait des aspersions en forme de croix sur l'énergumène, avec une branche de buis bénit ; il signe aussi au front le maléficié avec son pouce trempé dans la même eau. Pendant la cérémonie, il est nud tête, ainsi que l'infirmé et les assistants. Quand il opère sur les animaux irraisonnables, au lieu d'eau bénite, il fait des jets de sel préparé, comme nous l'allons dire. Il continue son opération par l'Oraison de l'*Enchiridion*, imprimé à Rome en 1660, pag. 43 [78] ; puis il prend du sel dans une écuelle, qu'il exorcice avec du sang tiré d'un des animaux maléficiés ; il mouve le tout, disant :

Beati tornitis omnes Joannes Baptisantes et agentes.

Il fait ensuite chez lui une neuvaine, qui est de réciter, pendant neuf jours à jeun, l'Oraison que nous avons indiquée de l'*Enchiridion*.

---

78   L'*Oraison de grande vertu.*

Pour Brider.

On prend deux petits bouts de paille; l'un doit avoir un nœud dans le milieu, on met l'autre en croix sur ce nœud, puis on prononce dessus:

Ancre de Dieu, ancre de la Vierge, ancre du diable; Satan, va-t-en à tous les diables.

On jette la croix au nez de l'animal, prononçant les mêmes paroles un genou à terre. On peut, par ce moyen, emporter sur les épaules, ou autrement, l'animal, quelque méchant qu'il puisse être, sans risque d'en être mordu.

Pour être Dur.

Valanda jacem rafit massif excorbis anter valganda zazar, frère prête-moi ta main; Bourbelet, Barlet, Amer arrive autour de moi, comme Judas a trahi notre Seigneur.

On porte le billet au cou; et dans le danger, on prononce les mêmes paroles. C'est par ce moyen que Guidon, attaqué par deux cavaliers dans une auberge de Fauville, s'est garanti de bien cinq cents coups de sabre; il retourna, après cet assaut, tranquillement à sa maison.

Pour découvrir les Trésors.

Etant sur la place où l'on soupçonne un trésor, dites, frappant trois fois du talon gauche contre terre, et faisant un tour à gauche :

Sadies satani agir fons toribus : viens à moi, Seradon, qui sera appelé Sarietur.

Recommencez trois fois de suite. S'il y a quelque trésor dans l'endroit, vous le saurez, parce que l'on vous révélera quelque chose à l'oreille.

Contre la Pousse ou Pousset.

Ouvrez la bouche du Cheval, soufflez trois fois dedans, prononçant les paroles ci-dessus : [*In tes dalame bouis, vins Divernas sathan*].

Enchantement pour arrêter le Sang.

Sanguis manè in te sicut fecit Christus in sanguis manè in tua vena sicut Christus in sua pœnat sanguis manè fixus sicut quando fuit crucifixus.

Répétez trois fois.

Contre les Fievres.

Dieu est venu au monde pour nous racheter de nos péchés: il a jeûné trente-trois ans et trois jours: il a été vendu aux Juifs trente deniers, Fievre tierce, Fievre quarte, Fievre de quelle qualité qu'elle soit, ne puisse demeurer sur mon corps: au nom de Jesus, qui a été attaché à l'arbre de la Croix, où il a répandu son sang juste pour nos péchés; Sainte Marie, priez pour moi: Saint Michel, conservez-moi Jesus, Maria, Saint Joseph, assistez-moi; Marie Sainte Catherine, conservez-moi.

Ici doit être mis le nom du Fébricitant, qui doit porter au cou ce que dessus, disant chaque jour à jeun cinq *Pater* et cinq *Ave* devant une image de Vierge.

TABLE.

Abréviations IX
Introduction XI
Tableau comparatif des Esprits de la semaine . . XXVIII

Wellcome Ms. 4666
Le Véritable Grimoire du Pape Honorius

Conjuration du Livre qu'il faut dire avant de
s'en servir 5
Oraison et Préparation pour l'Œuvre. 7
Noms, Qualités et Lieux qu'habitent les Intel-
ligences Infernales et qui sont supérieures
sur toutes les autres 8
Conjuration Universelle. 9
Ce qu'il faut dire avant que de faire signer le Livre 10
Conjuration des Démons 11

La Figure du Cercle et de ce qui le concerne . . . 12
Ce qu'il faut dire en composant les Cercles 12
Conjuration au Roi d'Orient 16
Conjuration au Roi d'Occident 17
Conjuration au Roi du Midi 17
Conjuration au Roi du Septentrion 18
Conjuration des Rois du Midi 20
Les Caractères de l'Esprit Leviathant 21
Les Caractères de l'Esprit Berith 23
Les Caractères de l'Esprit Belzebuth 25
Conjuration et Évocation à Belzebut 25
Les Caractères des Esprits sous Belzebut 26
Conjurations pour les Sept Jours de la Semaine . 27
    Pour le Lundi à Lucifer 27
        Caractères de Lucifer 27
        Première Conjuration à Lucifer 28
        Deuxième Conjuration à Lucifer 30
    Pour le Mardi à Nambroth 31
        Caractères de Nambroth 32
        Conjuration 33
    Le Mercredi pour Astaroth 34
        Conjuration 36
        [Caractère d'Astaroth] 37
        Conjurations 38
    Observations nécessaires pour les Conju-
    ration des Esprits ainsi que les Renvois
    lorsqu'on est dans le Cercle 40
    Renvoi des Esprits étant dans le Cercle 40
    Pour le Jeudi à Acham 42
        Conjuration 43

Pour le Vendredi à Bechet. 43
    Conjuration 44
Pour le Samedi à Nabam 44
    Conjuration 45
Pour le Dimanche à Aquiel 45
    Conjuration 46
Conjuration très-forte pour tous les jours et à
    toute heure, tant de jour que de nuit, pour
    les trésors cachés, tant par les hommes que
    par les Esprits, pour les avoir ou les faire
    apporter 48
Le Saint Évangile selon St Jean 51
Pentacles de St. Jean et de Salomon. 52-53
Appendice 1 — *Wellcome Ms. 4666*. 55

ARSENAL MS. 2494
Grimoire du Pape Honorius le Grand

Conjuration du Livre qui se fait immédiate-
    ment après la consécration du pain et du vin. 70
Ce qu'il faut dire en faisant le Cercle 71
Conjuration générale des Esprits Démons 72
Première Conjuration Particulière 73
Seconde Conjuration Particulière. 73
Troisième Conjuration Particulière 74
Quatrième Conjuration Particulière 74
Ce que doit encore faire le Maître dans le Cercle. 76
Exorcisme des Esprits 77

[Version en latin de l'Heptameron] 80
[Pour les renvoyer on dira] 84
Le Pentacle de Salomon 85
Pentacle de Salomon 86
Cercles et Conjurations pour chaque jour de
    la semaine à divers Esprits 87
    Pour le Lundi à Lucifer 87
        Conjuration 88
    Pour le Mardi à Nambrot 90
        Conjuration 91
    Pour le Mercredi à Astarot 92
        Conjuration 93
    Pour le Jeudi à Acham 94
        Conjuration 95
    Pour le Vendredi à Bechet 96
        Conjuration 97
    Pour le Samedi à Nabam 98
        Conjuration 99
    Pour le Dimanche à Acquiot 100
        Conjuration 101
Pour tous les jours et à toute heure 102
    Figure du cercle 102
    Conjuration 103
    Autre Conjuration 104
Disposition du Maître 105
Pentacles pour les trésors 106
Appendice 2 — *Arsenal Ms. 2494* 107

British Museum — Rome 1760
Grimoire du Pape Honorius avec un Recueil
des plus rares Secrets

Constitutions du Pape Honorius le Grand 133
Oraison. 137-140
Les soixante-douze sacrés noms de Dieu 144
L'Évangile de Saint-Jean. 144
Conjuration Universelle. 146
Autre Conjuration. 147
Renvoi des Esprits. 149
Conjuration du Livre 149
Ce qu'il faut dire avant le signe du Livre 150
Conjuration des Démons 151
Figure du Cercle et de ce qui le concerne 152
Ce qu'il faut dire en composant les Cercles. . . .152
Renvoi des Esprits. 154
Conjuration du Roi de l'Orient 154
Conjuration du Roi du Midi. 156
Conjuration du Roi d'Occident 156
Conjuration du Roi du Septentrion. 157
Conjuration pour chaque jour de la semaine. . .160
    Du Lundi à Lucifer 161
    Du Mardi à Frimost 163
    Du Mercredi, à Astaroth. 165
    Du Jeudi à Silcharde 167
    Du Vendredi à Béchard 169
    Du Samedi à Guland 171
    Du Dimanche à Surgat 173

Conjuration très-forte pour tous les jours et à
toute heure, tant de jour que de nuit, pour
les trésors cachés, tant par les hommes que
par les Esprits, pour les avoir ou les faire
apporter 175

RECUEIL DES PLUS RARES SECRETS DE L'ART MAGIQUE

Pour gagner au jeu 179
Pour éteindre le feu d'une cheminée 179
Pour avoir de l'or et de l'argent, ou main de
gloire 180
Jarretière pour voyager sans se fatiguer 182
Pour être dur contre toutes sortes d'armes 184
Conjuration au Soleil 185
Pour voir la nuit dans une vision, ce que vous
désirez savoir du passé ou de l'avenir. 186
Pour éclouer ou faire souffrir une personne . . .188
Pour sembler être accompagné de plusieurs . . .189
Pour n'être blessé d'aucune arme 189
Pour faire rater une arme 190
Contre la pleurésie 190
Contre les fièvres .190
Pour la fièvre intermittente 191
Pour la fièvre tierce 191
Pour la fièvre quarte. 191
Pour arrêter une perte de sang 191
Contre un coup d'épée 192

Pour quand on va à une action 192

Pour éteindre le feu.. 193

Contre la brûlure 193

Contre le mal de tête 194

Contre le flux du ventre. 194

Pour empêcher de manger à table 195

Pour éteindre le feu 195

Pour empêcher la copulation 195

Pour le jeu .196

Pour arrêter un serpent. 196

Contre la teigne 197

Pour le jeu de dés 197

Pour faire sortir une arête de la gorge 198

Pour ne point se lasser en marchant 198

Pour gagner à tous les jeux 199

Pour rompre et détruire tous maléfices. 199

Le grand Exorcisme pour déposséder soit la
   créature humaine, ou les animaux irraisonnables. 200

Pour lever tous sorts, et faire venir la personne
   qui a causé le mal 203

Le château de Belle, garde pour les chevaux. . .205

Garde à sa volonté. 210

Autre garde 210

Garde contre la gale, rogne et clavelée 211

Garde contre la gale. 213

Garde pour empêcher les loups d'entrer sur le
   terrain où sont les moutons 213

Les Marionnettes gardes 214

Garde pour les chevaux. 215

Garde pour le troupeau 215
Autre garde pour les moutons 217
Nouvelle garde pour les moutons, enseignée
     par le savant Bellerot, dans son Traité de
     la conservation des bêtes à laine. 218
Garde contre les lapins 220
Pour arrêter chevaux et équipages 222
Contre-charme. 223
Pour que les agneaux reviennent beaux et
     bien forts. 224
Contre l'arme à feu 224
Contre le bouquet chancreux 225
Contre les avives et tranchées rouges des che-
     vaux 225
Pour guérir la foulure et l'entorse des chevaux. .226
Pour empêcher un troupeau de toucher au
     grain, passant entre deux raies 227
Pour faire passer le lévretin 227
Contre le godron 227
Contre la gale et le haut toupin des animaux. . .228
Contre les hémorroïdes 228
Contre l'épilepsie ou mal caduc. 229

ADDITIONS DES PLUS PRÉCIEUSES

Contre l'hydropisie 233
Contre les coupures 233
Contre les paillettes de fer entrées dans les yeux 234

Contre le doigt blanc 235
Contre les hémorragies et pertes de sang. 236
Contre les diarrhées opiniâtres 237
Rapport des poids anciens avec des poids déc-
   imaux. .238
Rapport des doses des médicaments 239

Autres additions

Remède contre la goutte 241
Remède contre la piqûre des abeilles 242
Contre la colique. 242
Contre le choléra 242
Contre la jaunisse 243
Contre les douleurs de dents 243
Contre le mal de mer 243
Recette pour prolonger la vie 244
Contre la sueur des pieds 245
Avis essentiel 246
Appendice 3 — *Autres Secrets* 249
   Pour voir les Esprits dont l'air est rempli 251
   Pour faire venir trois Demoiselles ou trois
      Messieurs dans sa chambre, après souper . 252
   Pour faire venir une fille vous trouver, si
      sage soit-elle: expérience d'une force
      merveilleuse, des Intelligences supérieures 254
   Pour éteindre le feu d'une cheminée 257
   Pour se rendre invisible 257

Pour faire venir une personne 259

Pour faire danser une fille nue 260

Pour empêcher une personne de dormir toute la nuit, et faire qu'il ne repose point qu'il ne vous ait parlé, encore qu'il vous voulût un mal mortel, et qu'il fût bien loin de vous 261

Pour jouir de celle que tu voudras 262

Secret du Père Girard 262

Pour empêcher un chien de mordre ou d'aboyer 262

Pour éviter de souffrir à la question 263

Secrets et contre-charmes, par Guidon, praticien dans les guérisons par voie occulte . . 263

Pratique de Guidon, quand il s'agit de déposséder 264

Pour brider 265

Pour être dur 265

Pour découvrir les trésors 266

Contre la pousse ou pousset. 266

Enchantement pour arrêter le sang. 266

Contre les fievres 267

www.ingramcontent.com/pod-product-compliance
Lightning Source LLC
LaVergne TN
LVHW091658190726
843493LV00001B/59